Monika Kühn · Ferdinand Bahnen

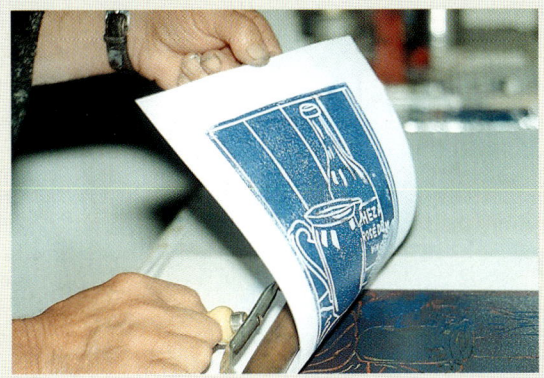

Druckgrafik für Einsteiger

Monika Kühn
Ferdinand Bahnen

Druckgrafik für Einsteiger

Klassische und
experimentelle Techniken
für Freizeit und Unterricht

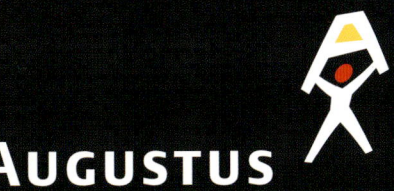

AUGUSTUS

Inhalt

Warum Drucken Spaß macht . . . 5

**Die klassischen Drucktechniken
im Überblick** 6

**Das Prinzip des Hochdrucks
(Holz- und Linolschnitt)** 8

**Das Prinzip des Flachdrucks
(Lithografie)** 11

**Das Prinzip des Tiefdrucks
(Radierung)** 13

Werkzeuge und Materialien 13
   Radierwerkzeuge 13
   Platten 13
   Farben 15
   Papiere 15
   Reinigungsmittel 16
   Sonstige Materialien 16
   Druckpresse 17

Techniken 18
   Kaltnadelradierung 18
   Strichätzung in Hartgrund 22
   Strichätzung in Weichgrund 26
   Aquatinta 28

Materialdrucke 31

Materialien 31
   Platten 31
   Farben 31
   Papiere 31
   Sonstige Materialien 31

Drucke mit Klarsichtfolien 32
   Freie Formen 32
   Gegenständliche Motive nach
   eigenen Entwürfen 35
   Gegenständliche Motive nach
   Fotos 40

Drucke mit Alufolie 43
   Aufgelegte Alufolie 44
   Aufgerissene Alufolie 46

Drucke mit Papieren 53
   Tapeten 53
   Wellpappe 54
   Zeitungspapier 55

Drucke mit Textilien 56

Drucke mit Naturmaterialien 57

Kombination verschiedener Materialien
(Materialmix) 59
   Alufolie und Klarsichtfolie 59
   Alufolie und Pappe 59
   Alufolie, Pappe und Federn 61
   Alufolie, Federn und Mull 61

Veränderung von fertigen Druck-
stöcken 63
   Radierung 63

Abkürzungen der Künstlernamen . . 64
Die Autoren 64
Impressum 64

Warum Drucken Spaß macht

Drucken – die »schwarze Kunst« – hat etwas Geheimnisvolles und Magisches an sich. Das Bild entsteht nicht im Augenblick des Gestaltens, sondern erst, nachdem das Schneiden und Ritzen abgeschlossen ist, die Farbe aufgetragen und der Druckstock auf Papier abgezogen wurde. Dann erst kommt der spannende Augenblick: der erste Abdruck, der erste Eindruck. Und mit der Vervielfältigung, Veränderung und farbigen Gestaltung schließt sich ein weiterer Schaffensprozess an.

Vielleicht haben Sie die Technik des Linolschnitts in der Schule kennen gelernt – die Technik der Radierung mit großer Wahrscheinlichkeit nicht, denn sie erscheint meist als zu kompliziert und aufwändig. Lassen Sie sich davon nicht beirren! Gerade die Radierung ist sehr reizvoll, da sie feinstes bis expressives grafisches Gestalten ermöglicht, aber auch malerische Bildwirkungen erlaubt. Darüber hinaus lässt sie sich auch mit den Materialdrucken variationsreich kombinieren.

Aufgrund der vielfältigen Möglichkeiten beschäftigt sich dieses Buch für Einsteiger in erster Linie mit der Radierung. Alles, was Sie über diese Technik wissen müssen, wird Schritt für Schritt erklärt. Daneben finden Sie aber auch eine Beschreibung der anderen klassischen Druckverfahren, anhand des Linoldrucks und der Lithografie, sowie ein ausführliches Kapitel über den Materialdruck. Hier steht das freie Experimentieren im Vordergrund – mit Farben, Formen, Folien. Probieren Sie die Anregungen aus, setzen Sie Ihrer Phantasie keine Grenzen! Bestimmt werden dann auch Sie Ihre »schwarze Kunst« entdecken!

Monika Kühn
Ferdinand Bahnen

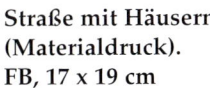

Straße mit Häusern (Materialdruck). FB, 17 x 19 cm

Die klassischen Druck-
techniken im Überblick

Bei den klassischen Drucktechniken unterscheidet man zwischen Hochdruck, Flachdruck
und Tiefdruck.

einer Holzplatte mit Messern oder Hohleisen Linien und Flächen herausgeschnitten. Anschließend walzt man die Platte
mit (schwarzer) Farbe ein und druckt sie
auf Papier ab. Alles, was erhaben (hoch)
ist, wird schwarz bzw. farbig, alles, was
herausgeschnitten wurde und tiefer liegt,
bleibt weiß. Da Linolplatten billiger und
einfacher zu bearbeiten sind (sie haben
keine »Richtung« wie das Holz), entstand
seit Anfang dieses Jahrhunderts der Linoldruck.

Hochdruck

**Fischverkauf (Holzschnitt).
MK, 43 x 28 cm**

Die älteste und bekannteste Drucktechnik
ist das Hochdruckverfahren, zu der der
Holzschnitt gehört. Dabei werden aus

Flachdruck

Beim Flachdruck, zu dem die Lithografie
zählt, liegen die frei (weiß) bleibenden
Stellen nicht tief – wie beim Hochdruck –,

sondern auf einer Ebene »flach« nebeneinander.

Die Technik der Lithografie beruht auf dem Prinzip, dass Wasser und Fett sich abstoßen. Dort, wo mit fetthaltiger Lithokreide gezeichnet wird, entsteht später im Druck das Bild.

Früher zeichnete man auf geschliffenen, leicht körnigen Kalkschieferplatten (z. B. Solnhofener Platten) und benötigte zum Drucken eine spezielle Lithopresse. Für ein neues Bild wurde der Stein abgeschliffen. Heute wird in der Regel auf Druckplatten aus Aluminium gearbeitet, die viel einfacher zu handhaben sind als diese schweren Steine.

Kastanie (Lithografie).
FB, 15 x 25 cm

Tiefdruck

Zu den Tiefdruckverfahren gehört die Radierung. Bei dieser Technik ritzt oder kratzt man Linien in eine Metallplatte. (Die Bezeichnung »Radierung« leitet sich ab vom lateinischen »radere« = kratzen, schaben.) Anschließend wird die Platte mit einer besonders zähen Ölfarbe, der Kupfertiefdruckfarbe, eingerieben und auf feuchtem Papier abgedruckt. Die Farbe wird dabei aus den Rillen in das Papier gepresst. Im Gegensatz zum Hochdruck drucken hier diejenigen Linien schwarz oder farbig, die herausgeritzt wurden.

Sonnenblumen (Radierung).
MK, 15 x 20 cm

Das Prinzip des Hochdrucks (Holz- und Linolschnitt)

Die einfachste Art des Hochdrucks ist der Linolschnitt, der hier mit Material, Werkzeug und Technik kurz beschrieben wird.

Sie benötigen

■ **Linolplatte**
Linolplatten werden im Fachhandel in Formaten von 15 x 21 cm bis 42 x 60 cm angeboten.

■ **Linolschnittgarnitur mit verschiedenen Messern**
Preiswert und gut ist ein Linolschnittset mit birnenförmigem Holzheft und verschiedenen Messern (z. B. von »Abig«).

■ **Linoldruckfarben**
Linoldruckfarben gibt es auf Wasser- oder Ölbasis (z. B. von »Sakura«). Wasserlösliche Farben haben den Vorteil, dass man Geräte und Platten leicht mit Wasser reinigen kann und keine Lösungsmittel benötigt. Je nach Hersteller – z. B. »Marabu«, »nerchau«, »Schmincke«, »Color & Co.« – werden neun bis zwölf Farbtöne in Tuben oder Kunststoffflaschen unterschiedlichen Volumens angeboten.

Die klassische Farbe ist Schwarz, die Sie auf jeden Fall zum Drucken brauchen. Aber auch für farbige Drucke benötigen Sie nicht die ganze Farbpalette, denn mit den Grundfarben Gelb, Rot und Blau lassen sich zahlreiche Farbtöne mischen.

Rechts:
Linolplatte, -messer
und -farben

■ **Zwei Gummiwalzen**
Sie benötigen eine Walze für den Farbauftrag und eine für den Druck (bei Handabzug). Die Walzen werden ab 5 cm Breite angeboten; empfehlenswert sind größere und stabile Exemplare von 12 bis 15 cm Breite.

■ **Glasplatte oder Brettchen zum Auswalzen der Farbe**

■ **Papier**
Die Wahl des Papiers hängt von der beabsichtigten Wirkung und Ihrem Geschmack ab. Vom einfachen Kopierpapier bis hin zu farbigem Tonpapier, Japanpapier, Ingrespapier oder Kupferdruckkarton ist alles möglich. Hier bietet sich ein weites Feld zum Experimentieren.

■ **Evtl. Transparent- und Kohlepapier zum Übertragen einer Vorzeichnung**

Am Anfang steht der Entwurf bzw. die Zeichnung Ihres Motivs. Dieser Arbeitsschritt kann direkt auf der Linolplatte erfolgen. Dann ist der fertige Druck allerdings seitenverkehrt. Wollen Sie das vermeiden, legen Sie den Entwurf auf Transparentpapier an, drehen das Papier um und zeichnen Ihre Skizze (jetzt seitenverkehrt) mit Kohlepapier auf die Platte durch.

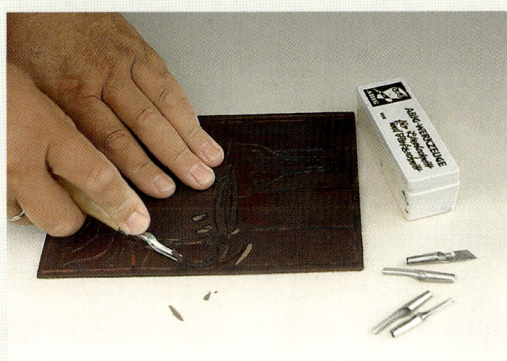

Dann beginnen Sie mit dem Schneiden. Den »Geißfuß«, ein V-förmiges Messer, verwenden Sie für dünne Linien, das »Ziereisen in U-Form« für breitere Linien, die »Hohleisen« in 3 mm und 4 mm Breite zum Ausheben größerer Flächen und das Konturenmesser zum Ziehen präziser Linien und Kanten.

Alles, was Sie jetzt herausschneiden, nimmt später keine Farbe an und bleibt weiß. Achten Sie darauf, dass Ihre Hand, die die Platte festhält, immer hinter dem Messer bzw. außerhalb der Schnittrichtung bleibt, da man leicht abrutschen und sich verletzen kann.

Jetzt färben Sie den fertigen Linolschnitt ein. Geben Sie dazu etwas Farbe auf ein Brettchen, eine Glas- oder Kunststoffplatte. Mit der Gummiwalze wird die Farbe auf der Platte verteilt, bis die Walze vollständig mit Farbe überzogen ist. Dann walzen Sie die Farbe gleichmäßig auf die Linolplatte auf.

Die Farbe wird mit einer Gummiwalze gleichmäßig aufgetragen.

Links: Mit verschiedenen Messern werden Linien und Flächen in die Linolplatte geschnitten.

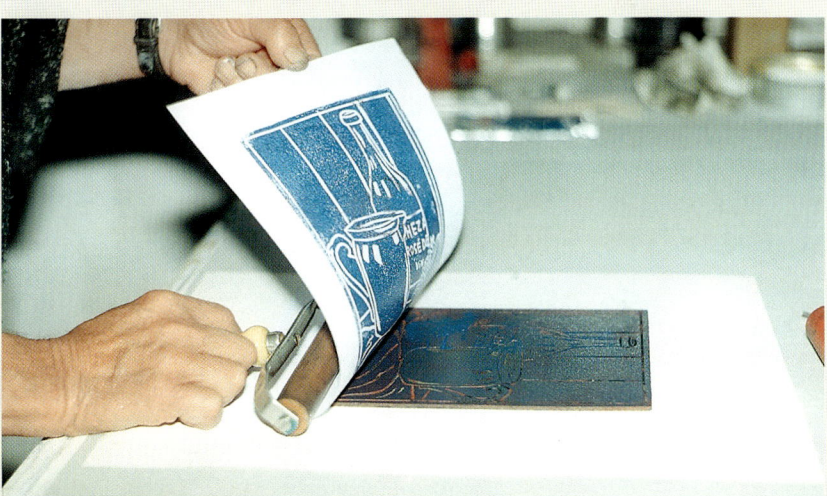

Zum Drucken legen Sie das Papier auf die eingefärbte Platte. Mit der zweiten, sauberen Walze rollen Sie unter leichtem Druck über das Papier, überall dort, wo die Linolplatte liegt. Wenn Sie das Papier dann abziehen, halten Sie Ihren ersten Druck in Händen.

Sie können jetzt beliebig viele Drucke herstellen, indem Sie wieder Farbe auf den Druckstock aufwalzen und abdrucken. Nach dem Drucken spülen Sie die Platte unter Wasser ab und trocknen sie.

Handabzug mit der Gummiwalze.

Junge mit Katze
(Linoldruck).
MK, 8 x 17 cm

Vorzeichnung / Entwurf

Mit Folienstift können Sie Ihr Motiv unmittelbar auf der Platte vorzeichnen. Denken Sie aber daran, dass Ihre Zeichnung im Druck seitenverkehrt erscheint, und prüfen Sie deshalb vorher in einem Spiegel, ob Sie mit der Bildwirkung zufrieden sind. Wenn nicht, zeichnen Sie besser auf Transparentpapier vor. Damit haben Sie die Möglichkeit, die Zeichnung »seitenrichtig«, d. h. so anzulegen, wie sie auch für den Druck geplant ist. Anschließend drehen Sie das Papier um, so dass Ihre Skizze seitenverkehrt sichtbar wird. Der Entwurf wird nun »verkehrt« auf die Platte übertragen, damit der fertige Druck wieder seitenrichtig erscheint.

Grundsätzlich gilt: Verlieren Sie sich bei der Vorzeichnung nicht in Einzelheiten, sondern beschränken Sie sich möglichst auf Umriss- und Hilfslinien. Die Ausarbeitung der Feinheiten und Strukturen nehmen Sie unmittelbar auf der Platte vor. Wichtig ist vor allem die lebendige Wirkung, und eine schwungvolle Linie beispielsweise kann nicht durch Abpausen entstehen.

Übertragen

Wenn Sie mit einer transparenten Kunststoffplatte arbeiten, legen Sie jetzt die seitenverkehrte Vorzeichnung unter die Platte. So kann die Skizze mit der Nadel direkt eingeritzt werden.

Bei einer Metallplatte übertragen Sie Ihren Entwurf folgendermaßen:
Schraffieren Sie Ihre Vorzeichnung entweder mit Wachsmalstift, Graukreide, einem Rötelstift oder farbiger Schneiderkreide. Dann drehen Sie das Blatt um und legen es mit der bemalten Seite – also seitenverkehrt – auf die Platte.

Auf Transparentpapier wird der Entwurf vorgezeichnet.

**Unten:
Mit Wachsmalstiften oder Kreide wird der Entwurf eingefärbt, damit er auf die Platte übertragen werden kann.**

Der Entwurf wird seiten-
verkehrt auf die Platte
übertragen.

Rechts:
Kaltnadelradierung:
Die Zeichnung wird mit
einer Radiernadel unmit-
telbar in die Platte geritzt.

Mit einem Kugelschreiber zeichnen Sie
jetzt Ihre Skizze nach. Auf der Platte sind
nun die Kreidelinien sichtbar, die aber
leicht verwischen. Deshalb empfiehlt es
sich, die Linien noch mit einem wasser-
festen Folienstift nachzuziehen.

Sie können auch farbiges Pauspapier
unter Ihre – umgedrehte – Vorzeichnung
legen und diese anschließend durchpau-
sen. Kohlepapier – für Schreibmaschinen-
durchschläge – eignet sich nicht, da das
Material nicht an der Platte haftet.

Und noch eine Übertragungsmöglich-
keit haben Sie mit einem Kopierrädchen
(zum Übertragen von Schnittmustern in
der Schneiderei). Fahren Sie damit die
Linien Ihrer umgedrehten Vorzeichnung
nach. Auf der Platte ist diese dann mit
fein gepunkteten Linien erkennbar.

Ritzen / Radieren

Mit der Radiernadel ritzen Sie jetzt
Linien, Schraffuren, Punkte in die Platte.
Damit können Sie Umrisse betonen oder
eher Flächen und Strukturen herausar-
beiten. Es entstehen feine oder kräftige,
schmale oder breitere Linien – je nachdem,
wie viel Druck Sie auf die Radiernadel
ausüben. Dunkle Stellen in der Radierung
werden durch tief ausgeführte Ritzungen
oder durch dicht nebeneinander gesetzte
Linien angelegt. Um Schattenflächen
auszuarbeiten, kann man eine Schraffur
über diese Partien legen.

Befühlen Sie zwischendurch immer wieder die Platte: Auch zarte Linien müssen
eine leichte Vertiefung aufweisen – spür-
bar ist dies an dem entstehenden Grat –,
damit die Druckfarbe darin haften bleibt.

Einfärben / Wischen

So färben Sie die Platte ein:
Geben Sie ganz wenig Kupferdruckfarbe
auf eine Platte, einen Teller o. Ä. Dann
schneiden Sie von der Gaze-Rolle einige
kleine Läppchen (jeweils etwa 15 x 15 cm)
zu.

Der Entwurf wird mit
einem Kopierrädchen auf
die Platte übertragen.

Eines der Läppchen knüllen Sie zusammen, nehmen damit etwas Farbe auf und reiben diese in alle Rillen und Vertiefungen der Platte ein. Gehen Sie sehr sparsam mit der Farbe um, denn überschüssige Farbe muss wieder von der Platte entfernt werden.

Jetzt beginnt die »Kunst des Wischens«: Mit einem oder mehreren frischen Gaze-Läppchen reiben Sie die nicht bearbeiteten Flächen wieder blank, am besten mit sanften, kreisenden Bewegungen. Wichtig ist, dass die Farbe in den geritzten Linien stehen bleibt; der Rest der Platte muss aber so sauber gewischt werden, dass im Druck keine unerwünschten Farbflecken erscheinen. Ein leichter Farbschleier, der so genannte Platten- oder Lappenton, darf auf der Platte sichtbar sein und ist – je nach Material und Oberflächenbehandlung der Platte – auch unvermeidlich (siehe auch Seite 14).

Die Appretur der Gaze vermindert die Saugfähigkeit und damit die Gefahr, dass zu viel Farbe aus der Platte herausgewischt wird. Bei sehr kräftigen und tiefen Ritzungen kann man statt der Gaze auch Nylon-Damenstrümpfe verwenden.

Papiervorbereitung

Radierungen werden grundsätzlich auf feuchtes Papier gedruckt, weil so die zähe Kupferdruckfarbe besser aufgenommen wird.

Zum Anfeuchten des Papiers gibt es drei Möglichkeiten:

- Sie legen das Papier einige Minuten in eine Fotoschale mit Wasser und lassen es anschließend auf Zeitungspapier abtropfen.

- Sie halten das Papier unter fließendes Wasser, feuchten es überall an und legen es zwischen Zeitungspapier.

- Oder Sie verwenden einen nassen, sauberen Schwamm, mit dem Sie das Blatt gleichmäßig von beiden Seiten anfeuchten.

Das Papier soll klamm sein, aber nicht zu nass, da es in diesem Fall leicht an der Platte festklebt.

Druck

Legen Sie ein sauberes Blatt Papier als Schutz vor Farbresten und Verschmutzung auf den Drucktisch (Stahlschlitten) der Presse. Darüber platzieren Sie Ihre Platte, dann das angefeuchtete Papier. Es folgt ein weiteres Blatt Papier oder Zeitungspapier zum Schutz des Druckpapiers, und über diesen Stapel legen Sie zuletzt den Druckfilz. Die Walze entsprechend einstellen und das ganze »Set« ein- oder zweimal durch die Presse drehen (siehe auch Zeichnung Seite 17).

Bevor Sie den Druckbogen ganz von der Platte abnehmen, werfen Sie von einer Papierecke aus einen prüfenden Blick auf das Ergebnis: Sind die Linien kräftig genug ausgeprägt? Falls nicht, kann das folgende Gründe haben:

Mit einem Gaze-Läppchen wird die Kupferdruckfarbe in die Vertiefungen der Platte eingerieben.

- Der Druck der Presse war nicht stark genug. In diesem Fall stellen Sie über die Räder für die Druckeinstellung (siehe Zeichnung Seite 17) die Walze tiefer ein und wiederholen den Druckvorgang.

- Eine Hälfte des Blattes zeigt kräftige Linien, im anderen Teil sind diese nur schwach erkennbar. Das heißt, der Druck erfolgte nicht gleichmäßig. Drehen Sie an den Rädern für die Druckeinstellung (siehe Zeichnung Seite 17) und stellen Sie für den nächsten Versuch den Druck gleichmäßig ein.

- Sie haben die Farbe zu stark aus den eingeritzten Linien herausgewischt. Die Platte muss neu eingefärbt werden.

- Die Zeichnung ist nicht tief genug eingeritzt. Reinigen Sie die Platte mit Terpentinersatz und ritzen Sie Ihre Arbeit nach.

Reisfelder (Kaltnadelradierung). MK, 21 x 30 cm

Trocknen

Den fertigen Druck legen Sie zwischen Trocknungs- oder Graupappen, damit sich das Papier beim Trocknen nicht wellt. Ersatzweise können Sie auch Zeitungen verwenden, doch kommen hierfür nur mindestens sechs Wochen alte Exemplare in Frage, bei denen die Druckerschwärze nicht mehr abfärbt.

Strichätzung in Hartgrund

Bei der Strichätzung (Ätzradierung) wird eine Metallplatte mit Abdecklack überzogen und die Zeichnung in den angetrockneten Lack geritzt.

Anschließend legt man die Platte in eine Schale mit Ätzflüssigkeit, die an den freigelegten Stellen das Metall angreift und so die Zeichnung ins Metall »eingräbt«. Ob dabei ein zarter oder kräftiger Strich entsteht, hängt von der Ätzdauer ab.

Danach entfernt man den Lack mit Terpentinersatz und färbt die Platte wie bei der Kaltnadelradierung (siehe Seite 20) ein.

Sie benötigen

Zink-, Kupfer- oder Aluminiumplatte
Radiernadel
Asphalt-Abdecklack (Ätzgrund)
Flachen Pinsel
Schale für Ätzflüssigkeit
Ätzflüssigkeit: Eisen-III-Chlorid (Granulat in Dosen)
Terpentinersatz
Kupferdruckfarbe
Gaze
Fotoschale oder Schwamm
Druckpapier
Druckpresse, Druckfilz
Zeitungspapier oder Trocknungspappe
Material für Entwurf und Übertragung (nach Wunsch) –
    siehe Kaltnadelradierung, Seite 18

Mais (Radierung, Strich-
ätzung in Hartgrund).
MK, 15 x 20 cm

■ Lassen Sie die Platte während des Ätzvorgangs nicht unbeaufsichtigt. Obwohl Eisen-III-Chlorid an sich ungefährlich ist, kann es bei Sonneneinwirkung oder zu langer Ätzdauer passieren, dass die Lösung anfängt zu »kochen«, d. h. sie brodelt und löst die Metallplatte – falls nicht eingegriffen wird – völlig auf. Es passiert zwar sonst nichts weiter, denn die Fotoschale hält das aus, aber Platte und Lösung sind dann nicht mehr zu gebrauchen. – Sollte dieser Fall eintreten, nehmen Sie die Platte schnell heraus und spülen Sie sie sofort mit Wasser ab. Meistens ist der Druckstock noch zu retten.

Die Technik Schritt für Schritt

Vorbereitung der Druckplatte

Säubern Sie die Platte zunächst gut mit Terpentinersatz. Vermeiden Sie es dabei, auf der Platte Fingerabdrücke zu hinterlassen, die später im Druck erscheinen können.

Jetzt wird der flüssige Ätzgrund (Asphaltlack) auf die Platte aufgebracht. Füllen Sie dazu etwas Flüssigkeit aus der Flasche in ein Marmeladenglas o. Ä. Mit einem flachen Pinsel tragen Sie den Ätzgrund zunächst auf einer Seite der Platte so auf, dass kein Metall mehr sichtbar ist.

Anschließend lassen Sie die Abdeckschicht hart auftrocknen; den Trocknungsvorgang können Sie mit dem Fön beschleunigen. Dann die Platte umdrehen und auch die andere Seite abdecken.

Es gibt Platten, die auf einer Seite mit einer Schutzfolie oder anderen Abdeckung überzogen sind. In diesem Fall muss der Ätzgrund nur auf eine Seite aufgetragen werden.

Reste der Abdeckflüssigkeit geben Sie nach Gebrauch wieder in die Flasche zurück und waschen den Pinsel mit Terpentinersatz aus.

Ritzen / Radieren

Zeichnen Sie Ihr Motiv nach Wunsch auf Transparentpapier vor und übertragen Sie es auf Ihre Platte (zur Technik siehe Kaltnadelradierung, Seite 19).

Jetzt ritzen Sie Ihre Zeichnung in den Ätzgrund – und zwar so tief, dass das darunter liegende Metall sichtbar wird. Das Ritzen geht in diesem Fall sehr viel leichter von der Hand als mit der Kaltnadel, da man keinen Druck ausüben muss. Überall dort, wo das Metall freigelegt wurde, greift später die Ätzflüssigkeit die Platte an.

Ätzen

Eine ruhig und sicher ätzende Lösung ist Eisen-III-Chlorid. Dieses Granulat wird in einer Fotoschale mit Wasser im Verhältnis 1 : 1 gelöst, d. h. für 1 Liter Wasser benötigen Sie eine Dose Eisen-III-Chlorid (1000 ml).

Wenn das Granulat gelöst ist, legen Sie Ihre Platte in die Schale mit der Ätzflüssigkeit und stellen einen Eimer Wasser daneben.

Bewegen Sie die Schale während des Ätzvorgangs des Öfteren hin und her und streichen Sie immer wieder mit einem Pinsel oder einer Feder über die Platte, um den sich absetzenden »Schlamm« zu lösen.

Je länger Sie nun die Platte ätzen, desto kräftiger und dunkler wird der Strich im Druck. Um zu überprüfen, ob die Linien hinreichend geätzt sind, nehmen Sie die Platte zwischendurch heraus – am besten mit einer Papierzange oder Gummihandschuhen. Sie wird in dem Eimer mit Wasser abgespült und mit einem Lappen getrocknet. Nun wischen Sie an einer kleinen Stelle den Abdecklack mit Terpentinersatz weg und fühlen, ob die Linien tief genug eingeätzt sind. Falls nicht, decken Sie die Stelle mit Abdecklack wieder ab, zeichnen die Linien, die Sie unter dem Lack schwach erkennen können, nach und legen die Platte wieder ins Ätzbad.

Bereits nach 5 Sekunden Ätzdauer zeigt sich im Druck ein erstes zartes Grau, das durch jeweils weitere 5 bis 10 Sekunden intensiver wird. Nach 7 bis 9 Minuten sind dunkle Linien geätzt. Diese Zeitangaben sind jedoch nur ungefähre Werte, denn die Ätzdauer hängt auch davon ab, wie viel Metallfläche freigelegt wird: Bei größeren Flächen arbeitet die Säure intensiver und damit schneller. Daneben spielt die Raumtemperatur eine Rolle: Wärme beschleunigt den Ätzvorgang.

Falls Sie keine gleichmäßige Linienausprägung wünschen, sondern helle und dunkle Linien im Druck erzielen wollen, müssen Sie den Ätzvorgang in mehreren Phasen vollziehen: Die Platte in diesem Fall erstmals bereits nach kurzer Zeit aus der Ätzlösung nehmen, unter Wasser abspülen und trocknen. Dann decken Sie die Linien und Partien, die hell bleiben sollen, wieder mit Ätzgrund oder Abdecklack ab. Nach dem Trocknen legen Sie die Platte erneut in die Ätzflüssigkeit und wiederholen diesen Vorgang – so oft Sie wollen.

Nach dem Ätzen schütten Sie die Lösung wieder in die Dose zurück. Sie können die Ätzflüssigkeit noch lange gebrauchen. Erst wenn sie durch den Schlamm und die sich absetzenden Metallpartikel zu schmutzig wird, bereiten Sie eine neue Ätzlösung vor.

Nachbehandlung

Ist die Platte zu Ihrer Zufriedenheit geätzt, nehmen Sie sie aus der Lösung und spülen sie unter Wasser ab. Nun wird der Ätzgrund mit einem Lappen und Terpentinersatz entfernt. Ziehen Sie dazu Gummihandschuhe an und gehen Sie ans geöffnete Fenster oder ins Freie.

Falls die Rückseite der Platte mit Folie abgedeckt war, können Sie diese so belassen, falls auch die Rückseite mit Ätzgrund behandelt wurde, müssen Sie diesen entfernen.

■ Zum späteren Abspülen der Platte und für den oben beschriebenen »Notfall« stellen Sie bereits zu Beginn des Ätzvorgangs eine Schale oder einen Eimer mit Wasser neben die Fotoschale mit der Platte.

■ Achten Sie im Umgang mit der Ätzflüssigkeit auf Ihre Kleidung: Eisen-III-Chlorid hinterlässt Rostflecken!

■ Nicht mehr gebrauchte Ätzlösungen dürfen nicht in den Ausguss wandern, sondern müssen bei den entsprechenden Annahmestellen als Sondermüll entsorgt werden.

**Bildreihe (von links):
Die Platte wird mit Abdecklack überzogen.**

Mit der Radiernadel werden Linien in die Platte geritzt.

Das Granulat Eisen-III-Chlorid wird in Wasser aufgelöst.

Strichätzung in Weichgrund

Alternativ zum Ritzen und Ätzen in Hartgrund kann auch mit einem Weichgrund gearbeitet werden. Dazu tragen Sie auf eine angewärmte Platte mit einer Walze gleichmäßig den Weichgrund auf. Anschließend legt man ein Blatt Papier über die Platte und zeichnet das Motiv – am besten seitenverkehrt – auf den Weichgrund durch. An den Druckstellen bleibt dieser am Papier haften, d.h. an den Stellen der Zeichnung wird das Metall freigelegt.

Die Platte anschließend wie beim Hartgrund in Eisen-III-Chlorid-Lösung ätzen (siehe Seite 24); danach wird der Weichgrund mit heißem Wasser entfernt.

Sie benötigen

Zeichenpapier oder Transparentpapier
Bleistift oder Kugelschreiber
Zink-, Aluminium- oder Kupferplatte
Evtl. Abdecklack (Asphaltlack), Pinsel
Heizplatte
Pflanzenfett (Kokosfett), Konserven-
  dose oder:
  Vernis mou (Weichgrund) in Stangen-
  form oder Glasdosen
Kleine Schaumstoff-, Gummi- oder
  Lederwalze
Ätzflüssigkeit: Eisen-III-Chlorid
Schale für Ätzflüssigkeit
Kupferdruckfarbe
Wischgaze
Fotoschale oder Schwamm
Druckpapier
Druckpresse, Druckfilz
Terpentinersatz

Sonnenblumen (Radie-
rung, Strichätzung in
Weichgrund). MK,
20 x 25 cm.
**Die breiten Linien ent-
standen durch Zeichnen
im Weichgrund, die dün-
nen durch Ritzen mit der
Kaltnadel. Die flächige
Plattenstruktur ist in
Aquatinta-Technik aus-
gearbeitet.**

Seite 27:
**Detail des Sonnenblu-
menmotivs.**

Einfärben / Drucken

Jetzt färben Sie die Platte ein, feuchten das Papier an und drucken ab, wie im Kapitel Kaltnadelradierung, Seite 21, beschrieben.

Vorbereitung der Druckplatte

Säubern Sie die Platte mit Terpentinersatz oder einem Spülmittel. Falls die Rückseite der Platte nicht mit Folie oder einem anderen Schutz überzogen ist, decken Sie sie auf der Rückseite mit Asphaltlack ab (zur Technik siehe Strichätzung in Hartgrund, Seite 24).

Zum Aufbringen des Pflanzenfett-Weichgrunds wird dieser zunächst auf der Heizplatte in einer Konservendose erwärmt. Wenn das Fett flüssig ist, verteilen Sie es mit einer Schaumstoff-, Gummi- oder Lederwalze gleichmäßig auf der Platte; dabei am besten einmal in Längs- und einmal in Querrichtung walzen.

Vernis mou aus der Dose wird folgendermaßen aufgetragen: Erwärmen Sie die Metallplatte auf einer Heizplatte oder auf dem Elektroherd und tupfen Sie den Weichgrund mit einem Holzstäbchen auf; anschließend gleichmäßig mit einer Walze verteilen. Falls Sie mit Vernis in Stangenform arbeiten, müssen diese zunächst im Wasserbad erwärmt werden; dann verteilen Sie den Weichgrund in nebeneinander liegenden Streifen auf der angewärmten Platte und walzen ihn glatt. Pflanzenfett als Weichgrund ist einfacher zu handhaben und preiswerter als der klassische Weichgrund »Vernis mou«; allerdings lassen sich in letzterem feinere Linien ziehen und auch kreideähnliche Abdrücke herstellen. Die in Pflanzenfett angelegten Linien fallen dagegen weicher und breiter aus.

Ritzen / Radieren

Legen Sie Ihren Entwurf auf Transparentpapier umgedreht, d. h. seitenverkehrt, auf die Platte und zeichnen Sie ihn mit Kugelschreiber oder Bleistift auf den Weichgrund durch. Statt Transparentpapier können Sie hierfür auch normales Papier verwenden, auf dessen Rückseite die Zeichnung gut erkennbar ist.

Sind alle Linien seitenverkehrt »durchgepaust«, heben Sie das Papier vorsichtig an und ziehen es langsam von der Platte. Dort, wo der Weichgrund eingedrückt wurde, ist nun das Metall freigelegt. Der Weichgrund dieser Stellen haftet jetzt an der Unterseite des Papiers.

In die Zeichnung lassen sich auch Strukturen einarbeiten, z. B. mit Leder, Netzen oder Mull. Pressen Sie das Material vorsichtig in den Weichgrund und ziehen Sie es dann wieder ab.

Falls Sie außer den weichen, fließenden Linien auch feinere Striche erzielen wollen, können Sie diese nach dem Ätzen noch mit der Radiernadel (Kaltnadeltechnik) in die Platte einritzen.

Ätzen / Nachbehandlung

Legen Sie die Platte zum Ätzen in eine Schale mit Eisen-III-Chlorid-Lösung (zur Technik siehe Strichätzung in Hartgrund, Seite 24). Danach wird der Pflanzenfettweichgrund mit heißem Wasser abgespült.

Vernis mou dagegen wird mit Terpentinersatz entfernt.

Einfärben / Drucken

Jetzt färben Sie die Platte ein, feuchten das Papier an und drucken ab, wie im Kapitel Kaltnadelradierung, Seite 20, beschrieben.

Aquatinta

Die Bezeichnung »Aquatinta« stammt aus dem Italienischen und bedeutet wörtlich übersetzt »gefärbtes Wasser«. Entwickelt wurde das Verfahren im 18. Jahrhundert, um drucktechnisch die Wirkung von lavierten Tuschezeichnungen nachahmen zu können.

Mit dieser Technik der Radierung werden also Flächen ausgearbeitet: Überall dort, wo flächige Partien erscheinen sollen, stäubt man Colophoniumpulver auf, lässt dieses einbrennen und ätzt anschließend die Platte. Durch das Pulver werden Hunderte von winzigen Vertiefungen in die Platte geätzt, die im Druck eine flächige Wirkung ergeben (siehe Abbildung diese Seite). Je nach Ätzdauer lassen sich auch unterschiedliche Farbabstufungen erzielen.

In der Regel wird die Aquatinta-Technik mit der Strichätzung kombiniert, da eine Arbeit nur in seltenen Fällen ausschließlich flächig angelegt ist, sondern meist auf dem Zusammenspiel von Linien und Flächen beruht.

See (Kaltnadelradierung und Aquatinta). MK, Durchmesser etwa 15 cm. Die Linienzeichnung für Himmel und Wasser ist mit der Radiernadel in die Platte geritzt, die Berge wurden mit Aquatinta in drei verschiedenen Stufen geätzt.

Zusätzlich zum Material für die Strichätzung in Hartgrund (siehe Seite 22):

Colophoniumpulver
Baumwoll-Läppchen oder Nylonstrumpf
Heizplatte

Die Technik Schritt für Schritt

Ritzen / Vorbereitung der Druck-
platte

Überlegen Sie, welche Teile Ihres Bildes
Sie flächig gestalten wollen und welche
mit Linien. Zur Ausarbeitung gehen Sie
in folgender Reihenfolge vor:

Zunächst werden alle Linien in Kaltnadeltechnik (siehe Seite 18) oder durch
Strichätzung (siehe Seite 22) auf der Platte
angelegt. Im abgebildeten Beispiel (siehe
Seite 28) sind Himmel und See mit den
Begrenzungen für die Berge linear angelegt und als Strichätzung in Hartgrund
(zur Technik siehe Seite 24) ausgeführt.

Nun decken Sie diejenigen Partien mit
Asphaltlack ab, die nicht mehr mit Linien
gestaltet werden sollen. Dort, wo die flächige Ausarbeitung in Aquatinta-Technik
erfolgen soll, lassen Sie das Metall frei.

Einstäuben
mit Colophoniumpulver

Füllen Sie etwas Colophoniumpulver in
ein Baumwoll-Läppchen oder einen Nylonstrumpf und geben Sie einige kleine
Steinchen dazu; so lässt sich das Pulver
besser verstäuben. Das Läppchen zu
einem Beutel zubinden und diesen über
der freien Metallfläche der Platte leicht
schütteln oder mit dem
Finger klopfen, so dass
das Pulver gleichmäßig
herausrieselt und die
Fläche vollständig be-
deckt. Ganz genau kön-
nen Sie dabei nicht ar-
beiten, d. h. es wird auch
Pulver auf diejenigen
Stellen rieseln, die mit
Abdecklack überzogen
sind. Das ist aber nicht
weiter schlimm, da sich
dieser samt angeschmolzenem Pulver
später mit Terpentinersatz entfernen lässt.

Einschmelzen
des Colophoniumpulvers

Jetzt müssen die lose auf die Platte
gestäubten Colophoniumpartikel aufge-
schmolzen werden. Dazu erhitzen Sie
die Heizplatte oder eine Kochplatte am
Elektroherd. Legen Sie ein umgedrehtes
Kuchengitter oder ein paar Geldstücke
als Unterlage dazwischen, damit die Rückseite Ihrer Druckplatte, die mit Abdecklack oder einer anderen Schutzschicht
überzogen ist, nicht mit der Herdplatte
in Berührung kommt. Langsam und vorsichtig – damit das Pulver nicht wegfliegt
– platzieren Sie dann Ihre Druckplatte
darüber.

Sobald das Pulver nicht mehr stumpf,
sondern glänzend und transparent aus-
sieht (nach einigen Minuten), ist der Vorgang abgeschlossen. Das Colophonium
haftet jetzt fest auf der Plattenoberfläche.
Nehmen Sie dann die Druckplatte mit
einer Zange oder einem Topflappen von
der Heizfläche und legen Sie sie in die
Ätzflüssigkeit (siehe unten).

Ist Ihre Druckplatte größer als die Heizfläche, wird zunächst eine Partie erhitzt.
Warten Sie, bis das Pulver dort geschmol-
zen ist, und schieben Sie dann die Platte
weiter.

Die Flächen, die mit
Aquatinta bearbeitet wer-
den sollen, werden mit
Colophoniumpulver
bestäubt.

Ätzen

Geätzt wird mit Eisen-III-Chlorid-Lösung, in die Sie die Platte einlegen (zur Technik siehe Seite 24). Nach kurzer Zeit (Hinweise zur Ätzdauer siehe Seite 25) die Druckplatte wieder herausnehmen, in einem Eimer mit Wasser abspülen und trocknen.

Falls Sie Flächen in verschiedenen Helligkeitsgraden gestalten wollen, muss der Ätzvorgang mehrmals wiederholt werden. Das heißt, Sie decken nun einen Teil der geätzten Fläche mit Asphaltlack ab – und zwar die Partie, die im Druck als hellste Fläche erscheinen soll. Im abgebildeten Beispiel (siehe Seite 28) war dies der hintere Teil des Hügelzuges.

Nachdem der Lack getrocknet ist, legen Sie die Platte wieder in das Ätzbad und decken dann die nächste Fläche ab – im Beispiel den vorderen rechten Teil der Berge.

Mit Gaze und Kupferdruckfarbe wird die Platte zum Druck eingefärbt.

Auf diese Weise fortfahren, bis alle Flächen nach Wunsch geätzt sind. Insgesamt sollte die Platte für Aquatinta-Flächen nicht länger als zehn Minuten geätzt werden, da die feine, aufgeschmolzene Körnung sonst zerstört wird.

Empfehlenswert ist eine Testätzung im Vorfeld: Decken Sie auf einer kleinen Musterplatte die Flächen wie beschrieben stufenweise ab und notieren Sie sich die jeweilige Ätzdauer.

Für Räumlichkeit und Tiefenwirkung im Bild, die durch unterschiedliche Helligkeitswerte von Flächen erzielt wird, gibt es eine Regel: Die dunkelsten Flächen bilden den Vordergrund, die hellsten wirken am weitesten entfernt (siehe Abbildung Seite 28).

Nachbehandlung

Ist die Platte fertig geätzt, wischen Sie Abdecklack und Colophoniumpulver mit Nitroverdünnung oder Terpentinersatz ab. Das Pulver lässt sich auch mit Spiritus entfernen.

Einfärben / Drucken

Jetzt färben Sie die Platte ein, feuchten das Papier an und drucken ab, wie im Kapitel Kaltnadelradierung, Seite 20, beschrieben. Im abgebildeten Beispiel (siehe Seite 28) wurde die Platte mit Sepia eingerieben und wieder blankgewischt, anschließend mit einem Läppchen ein Hauch roter Farbe aufgetragen.

Variante zur Aquatinta-Technik

Aluminiumplatten lassen sich auch »offen« ätzen, d. h. ohne Aufstäuben und Einbrennen von Colophoniumpulver. Beim Ätzen wird die Oberfläche der Platte direkt angegriffen; im Druck ergibt dies einen der Aquatinta ähnlichen Flächenton, der allerdings nicht so fein gekörnt ist und nicht so feine Abstufungen erlaubt.

Materialdrucke

Um Materialdrucke herzustellen, wird eine Platte mit Linoldruckfarbe oder einer ölhaltigen Farbe eingewalzt. Mit einer oder mehreren anderen Farben walzt man ausgewählte Materialien ein, ordnet sie auf der Platte an und druckt diese auf trockenem oder feuchtem Papier ab. Nachfolgend finden Sie eine Übersicht über das benötigte Material.

Materialien

Platten

Als Druckstock eignen sich Platten aller Art und Größe: aus Metall, Glas, Holz, Kunststoff, Linoleum, aber auch Abfallprodukte wie Bodenplatten oder gebrauchte Linolfliesen.

Farben

Empfehlenswert sind alle ölhaltigen Farben, da diese beim Druck auf feuchtem Papier nicht verlaufen, z. B.:

- Sakura-Druckfarben auf Ölbasis in 100-ml-Tuben (ca. 15 DM)
- Offset-Druckfarben in 0,5-kg-Dosen (ca. 25 DM)
- Buchdruckfarbe in 0,5-kg-Dosen (ca. 25 DM)
- Charbonnel-Druckfarben in 200-ml-Dosen (ca. 20 DM)
- Litho-Druckfarben in 0,5-kg-Dosen (ca. 35 DM)

Auch Linoldruckfarben auf Wasserbasis sind geeignet, allerdings sollte man dabei besser auf trockenem Papier drucken, da die Farbe auf feuchtem Papier verlaufen und außerdem beim Druck an den Rändern herausquetschen kann. Dies muss aber kein Nachteil sein, sondern kann zu interessanten Zufallsergebnissen führen. Um einzelne Stellen im Bild besonders hervorzuheben, lässt sich die Kupfertiefdruckfarbe, die man für die Radierung benötigt, gut einsetzen.

Keinesfalls benötigen Sie die ganze Palette der Buntfarben, sondern nur die Grundfarben Gelb, Rot und Blau, sowie Schwarz und (Misch)weiß. Daraus lassen sich die meisten Farbtöne mischen.

Papiere

Geeignet sind alle Papiere mit einem Gewicht von mindestens 120 g/m².

- Japan-Simili-Karton im Format 43 x 61 cm (140 g/m²) ist saugfähig und preiswert (etwa 0,40 DM pro Bogen).

- Kupferdruckkartons sind in Abmessungen von 42 x 52 cm und 50 x 70 cm, z. B. mit einem Gewicht von 180 g/m² oder 230 g/m², erhältlich. Reißen (zur Technik siehe Seite 15) oder schneiden Sie die Bögen auf das gewünschte Format.

Sonstige Materialien

- *Gummiwalzen oder Schaumstoffrollen*

zum Ausrollen der Farben. Gut bewährt haben sich die schmalen Schaumstoffrollen, die in Baumärkten oder in Farbengeschäften erhältlich sind. Man kann die Rollen auswechseln, und vor allem sind sie viel preiswerter als die Gummiwalzen. Planen Sie pro Farbe, die Sie benutzen wollen, eine Rolle sowie eine eigene Platte (Glas, Metall, Aluschalen, Pappe mit Alufolie umwickelt etc.) ein.

Das Material wird mit Schaumstoffrollen eingefärbt.

Je 1 Schaumstoffrolle pro Farbe
Farben auf Öl- oder Wasserbasis
Fotoschale / Gefäß zum Wässern des
  Papiers
Druckpapier
Terpentinersatz
Druckpresse oder Gummiwalze
  (für Handabzug)

Freie Formen

Vorzeichnung / Entwurf

Zeichnen Sie runde oder spitze Formen auf ein Blatt. Lassen Sie dabei einfach Ihre Phantasie spielen oder beziehen Sie Anregungen aus der Kunst – z. B. von den Scherenschnitten von Matisse oder den abstrakten Gemälden von Kandinsky. Wählen Sie dann die gelungensten Formen aus, legen Sie Klarsichtfolie darüber und zeichnen Sie die Umrisse mit einem Folienstift nach.

Anschließend die Formen ausschneiden und versuchsweise auf der Druckplatte anordnen. Probieren Sie dabei verschiedene Möglichkeiten aus! Sind Sie mit der Komposition zufrieden, legen Sie die Folienstücke zur Seite und bereiten die Druckplatte vor.

Vorbereitung der Druckplatte

Legen Sie für jede Farbe, die Sie benutzen wollen, eine Unterlage zum Auswalzen der Farbe bereit, dazu eine schmale Schaumstoffrolle.

Geben Sie etwas Farbe auf die Unterlage und walzen Sie diese mit der Schaumstoffrolle so lange aus, bis die Rolle vollständig und gleichmäßig mit Farbe überzogen ist.

Anschließend rollen Sie die Farbe gleichmäßig über Ihre Druckplatte.

▦ Terpentinersatz

Walzen und Druckstöcke waschen Sie – falls Linolfarben verwendet werden – nach Gebrauch einfach unter Wasser aus, bei Farben auf Ölbasis müssen Sie Terpentinersatz verwenden.
Außerdem sollten Sie zur Hand haben:

- Schere
- Stifte, Folienstifte
- Lappen
- Gummihandschuhe
- Fotoschale oder anderes Wassergefäß
- Alte Zeitungen

Drucke mit Klarsichtfolien

Sie benötigen

Klarsichtfolien gleich welcher Art, z. B.
  Prospekthüllen, Klarsichthüllen, Folien
  für Tageslichtprojektoren, ausrangierte
  Plastik-Schnellhefter
Folienstift
Schere
Druckplatte (Metall, Holz, Linoleum o. Ä.)
Brettchen, Platte o. Ä. für die Farbe

Aufarbeiten der Folienformen

Die ausgeschnittenen Formen legen Sie auf Zeitungspapier und färben sie mit der Schaumstoffrolle ein. Auch hier verwenden Sie für jeden Farbton eine eigene Rolle, damit die Farben nicht verschmieren. Nun werden die Formen in der vorher ausgewählten Komposition auf der Druckplatte ausgelegt.

Drucken

Legen Sie ein trockenes oder angefeuchtetes Blatt Papier über Ihren Druckstock und drucken Sie die Komposition in der Druckpresse ab (zur Technik siehe Seite 17).

Der Abdruck auf feuchtem Papier hat den Vorteil, dass die Farben kräftiger herauskommen. Bei Farben auf Wasserbasis besteht allerdings die Gefahr, dass diese an den Rändern der aufgelegten Formen hervorquellen können.

Insbesondere für einen Handabdruck mit der Gummiwalze (zur Technik siehe Seite 9) empfiehlt sich feuchtes Papier, da in diesem Fall weniger Druck ausgeübt wird und so die Farbe durch die Feuchtigkeit besser vom Papier aufgenommen wird.

Probieren Sie verschiedene Farben und Formen aus, ähnlich oder konstrastierend.

Einbeziehen von Strukturen

Wenn Sie die Folienstücke nach dem Druck von der Platte nehmen, werden Sie eine Entdeckung machen: Auf der Rückseite der Folienformen haben sich interessante Strukturen gebildet, da die Druckfarbe der Platte unregelmäßig an der Folie haftet. Diese Strukturen können Sie bewusst zur Gestaltung einsetzen. Gehen Sie dabei folgendermaßen vor:

Formen aus Klarsichtfolie. MK, 21 x 40 cm. Als Grundfarbe ist Rot mit etwas Beimischung von Gelb aufgetragen, die Folienformen sind in Blau und Rot eingefärbt. Gedruckt wurde auf trockenem Papier mit der Druckpresse. Die weißen Umrisslinien entstanden durch Verwendung einer dicken Folie vom Schnellhefter. Bei dünnen Folien entstehen keine oder nur zarte Umrisslinien.

Unten:
Formen aus Klarsichtfolie. MK, 25 x 30 cm. Hier wurde die Platte mit Farbe auf Ölbasis schwarz eingefärbt, die Formen sind rot angelegt, der Druck erfolgte auf feuchtem Papier.

Formen aus Klarsicht-
folie (Erster Druck). MK,
21 x 39 cm

Formen aus Klarsicht-
folie (Zweiter Druck).
MK, 21 x 39 cm.
Die Strukturen wurden
hier zur Gestaltung ver-
wendet.

Seite 35:
Formen aus Klarsichtfolie
(Einbeziehen von Struk-
turen). MK, 21 x 39 cm

Vorbereitungsdruck
für Strukturen

Walzen Sie zunächst Ihre Platte ein. Im
abgebildeten Beispiel ist Schwarz die
Grundfarbe. Anschließend werden die
ausgeschnittenen Folienstücke in einer
Kontrastfarbe angelegt, z. B. in Rot.
Ordnen Sie diese auf der Platte an und
drucken Sie die Komposition ab.

Dieser Druck wirkt noch nicht sehr inte-
ressant und dient lediglich als Vorberei-
tung für den nächsten Druck.

Zweitdruck mit Einbeziehung
der Strukturen

Nehmen Sie nun die Folienstücke von
der Druckplatte ab und drehen Sie sie um:
Auf der Rückseite haben sich Strukturen
und Schlieren gebildet. Legen Sie die
Stücke mit dieser Seite nach oben neben
Ihre Druckplatte.

Anschließend die Platte mit Terpentinersatz reinigen und mit einer anderen
kontrastierenden Farbe, z. B. Rotbraun,
neu einwalzen. Darauf ordnen Sie die
Folienstücke mit den schwarz-weißen
Strukturen nach oben an. Erneut abdrucken. Sie werden feststellen, dass die Zufallsstrukturen auf Ihrem Blatt deutlich
erkennbar sind.

Landschaft

Vorzeichnung / Entwurf

In der Größe der Druckplatte zeichnen
Sie auf Transparentpapier eine Landschaft Ihrer Phantasie. Als Vorlage oder
Anregung können aber auch Bildbände
und Ansichtskarten oder Werke verschiedener Künstler, z. B. von Emil Nolde
oder Paul Gauguin, dienen.

Den Entwurf legen Sie seitenverkehrt
unter die Klarsichtfolie und zeichnen ihn
mit einem Folienstift nach.

Einfärben / Drucken

Überlegen Sie, wie viele Farben Sie verwenden wollen und welche Partien einzeln eingefärbt werden sollen. Schneiden
Sie dann die Folie entsprechend in Stücke
und legen Sie die Einzelteile wieder auf
Ihren Entwurf, damit Sie wissen, wie sie
zusammengehören.

Grundsätzlich muss nicht die ganze Platte
mit Folie abgedeckt werden. Überlegen
Sie deshalb, welche Partien frei bleiben,
d. h. welche Flächen im Druck die Einfärbung der Platte erhalten sollen. Dann
walzen Sie die ganze Platte mit dieser
Farbe ein, im abgebildeten Beispiel ist
dies Blau. Das Blau von Himmel und
Fluss entstand also durch Einfärbung der
Platte, nicht der Folie.

Nun rollen Sie auf den ausgeschnittenen
Folienstücken verschiedene Farben aus.
Ordnen Sie die Teile gemäß Ihres Ent-
wurfs auf der eingefärbten Platte an und
drucken Sie die Komposition ab.

Dritter Druck – Weiterführung

Die Folienstücke, die Sie gerade abgedruckt haben, weisen auf der Rückseite
wieder Strukturen auf, diesmal in rot-
brauner Färbung. Um auch diese für
einen Druck zu verwenden, walzen Sie
die Platte nochmals in einer anderen Farbe
neu ein, legen die Folienstücke mit den
Strukturen nach oben auf die Platte und
drucken ab.

Auf diese Weise können Sie den Druckvorgang mit verschiedenen Farben und
Formen beliebig oft wiederholen.

**Folgende Seite:
Landschaft (Druck mit
Klarsichtfolie, Erstdruck).
MK, 25 x 30 cm.
Die Klarsichthülle mit
dem Motiv wurde in Ein-
zelformen zerschnitten
und unterschiedlich ein-
gefärbt. Unvermischtes
Blau für Himmel und
Fluss wurde auf die Platte
aufgetragen. Zwei Folien-
stücke wurden mit einem
Ockerton (aus Gelb und
etwas Schwarz) einge-
walzt. Der Braunton im
Vordergrund ist aus Rot,
Gelb und Schwarz ge-
mischt, dem Braunton der
Berge wurde etwas Weiß
beigemischt. Ohne Farb-
auftrag blieben der weiße
Streifen entlang des
Flusses und die Bergspit-
zen. Sie erscheinen beim
Druck im Farbton des
Papiers.**

Einbeziehen von Strukturen

Nach dem Druck nehmen Sie die Folienstücke ab und drehen sie herum: Auf der Rückseite haben sich interessante Strukturen gebildet; genauso weist aber auch die Platte an den Stellen, wo die Folien lagen, eine neue »Zeichnung« auf. Diese Zufallsformen beziehen Sie jetzt in Ihre weiteren Drucke ein:

Zunächst drucken Sie die Platte so, wie sie ist – d.h. ohne neu einzufärben –, noch einmal auf feuchtem Papier ab. Das Ergebnis: Die Strukturen kommen im Druck gut heraus. Himmel und Fluss erscheinen hell, da die Platte in diesen Bereichen nur noch Reste der Farbe enthielt.

Zweitdruck mit Einbeziehung der Strukturen

Walzen Sie die Platte nun mit einer anderen Farbe ein – im abgebildeten Beispiel ist es Hellgrün – und legen Sie die Folienstücke, die Sie vorher abgenommen haben, mit der Rückseite nach oben auf die Platte. Das Motiv entsteht dadurch seitenverkehrt, was aber bei einer Landschaft in der Regel nicht von Bedeutung ist. Im Druck zeigt sich folgendes Ergebnis: Himmel und Fluss haben die hellgrüne Farbe der Platte angenommen, die blauen Schlieren und Strukturen stammen von den Folien bzw. der Blaueinfärbung der Platte im ersten Druck, die weißen Linien sind die Begrenzungslinien der Folienstücke.

Dritter Druck – Weiterführung

Färben Sie die Platte neu und probieren Sie andere Farbzusammenstellungen aus. Beziehen Sie die Strukturen, die sich daraus ergeben, jeweils in Ihre Arbeit mit ein. Auf diese Weise können Sie beliebig viele Drucke mit immer neuem Erscheinungsbild anfertigen.

Landschaft (Druckplatte nach Abnahme der Folienstücke). MK, 25 x 30 cm. In der blauen Farbe haben sich Strukturen gebildet.

Landschaft (Zweitdruck mit Einbeziehung von Strukturen). MK, 25 x 30 cm. Die Platte wurde hellgrün eingefärbt, die Folienstücke sind mit der blauen Rückseite aufgelegt.

Landschaft (Dritter Druck). MK, 25 x 30 cm. Die beim zweiten Druck auf der Rückseite grün eingefärbten Folienstücke wurden erneut mit einer Blaugrundierung der Druckplatte kombiniert.

Frauenkopf im Profil

Folienstücke kann man nicht nur nebeneinander, sondern auch übereinander platzieren. Auch hier sollten Sie beachten, dass nicht der erste Druck der interessanteste ist, sondern die Folgedrucke, bei denen mit den Zufallsstrukturen auf der Rückseite der Folien gearbeitet wird. Gehen Sie folgendermaßen vor:

Vorzeichnung / Ausschneiden der Teile

Zeichnen Sie einen Kopf im Profil auf ein Zeichenblatt in der Größe Ihrer Platte. Legen Sie Klarsichtfolie darüber und übertragen Sie Ihren Entwurf mit Folienstift. Anschließend den Kopf ausschneiden. Lippen, Augenbraue und Auge werden separat aus weiteren Folienstücken zugeschnitten.

Außerdem zeichnen Sie zahlreiche schlangenförmige Haarsträhnen auf Folie vor und schneiden auch diese aus.

Einfärben / Drucken

Nun walzen Sie die Druckplatte schwarz ein. Den Kopf in Gelb, Ocker oder einer ähnlichen Farbe anlegen und auf die Platte setzen. Den roten Mund und das dunkel eingefärbte Auge mit Augenbraue an den richtigen Stellen auf dem Kopf platzieren. Nehmen Sie dazu eine Pinzette zur Hilfe.

Abschließend werden die Haarsträhnen orange und rot eingefärbt. Legen Sie sie neben- und übereinander auf dem Kopf auf, so dass der Eindruck von gelocktem und fülligem Haar entsteht. Das Ergebnis drucken Sie auf feuchtem Papier ab.

Legen Sie die Haarsträhnen großzügig übereinander, selbst wenn einige unterliegende kaum noch zu sehen sind. Diese Strähnen erhalten wieder verschiedene Abdrücke und Strukturen, die Sie dann in Ihrem nächsten Druck verwenden können.

Einbeziehen von Strukturen – Zweitdruck

Jetzt nutzen Sie die Wirkung der nach dem Druck entstandenen Strukturen: Nehmen Sie den gelben Kopf von der Platte. Auf der Rückseite sind schwarze Strukturen erkennbar, und auf der Druckplatte hebt sich die schwarze Kontur des Kopfes vom grauen Hintergrund (Restfarbe auf der Druckplatte) ab.

Drehen Sie jetzt auch die übereinander gelegten Haarsträhnen um: Auf einigen Strähnen zeigen sich schwarze, auf anderen orange-rote Strukturen. Aber auch diejenigen Partien der Platte, auf denen die Strähnen platziert waren, weisen Abdrücke auf.

Für den zweiten Druck platzieren Sie einige der abgenommenen Strähnen mit der Rückseite nach oben auf der Haarfläche. Mund, Auge und Augenbraue umdrehen und an entsprechender Stelle wieder anordnen.

Dritter und weitere Drucke

Das Experiment mit den Folienteilen können Sie beliebig fortführen: Färben Sie beispielsweise nach dem zweiten Druck die Platte neu ein, diesmal in einer hellen Farbe, und legen Sie den Kopf – jetzt seitenverkehrt – mit den schwarzen Strukturen nach oben auf die Platte. Suchen Sie wieder Haarsträhnen mit interessanter Zeichnung aus und ordnen Sie diese neu auf der Platte an. Sie können die Strähnen aber auch neu einfärben und auch für Kopf und Platte immer wieder neue Farbgebungen wählen.

Frauenkopf im Profil (Erstdruck). MK, 25 x 30 cm.
Der Kopf wurde aus
einer Folie geschnitten,
Auge, Augenbrauen,
Mund und Haarsträhnen
sind separat aufgelegt.

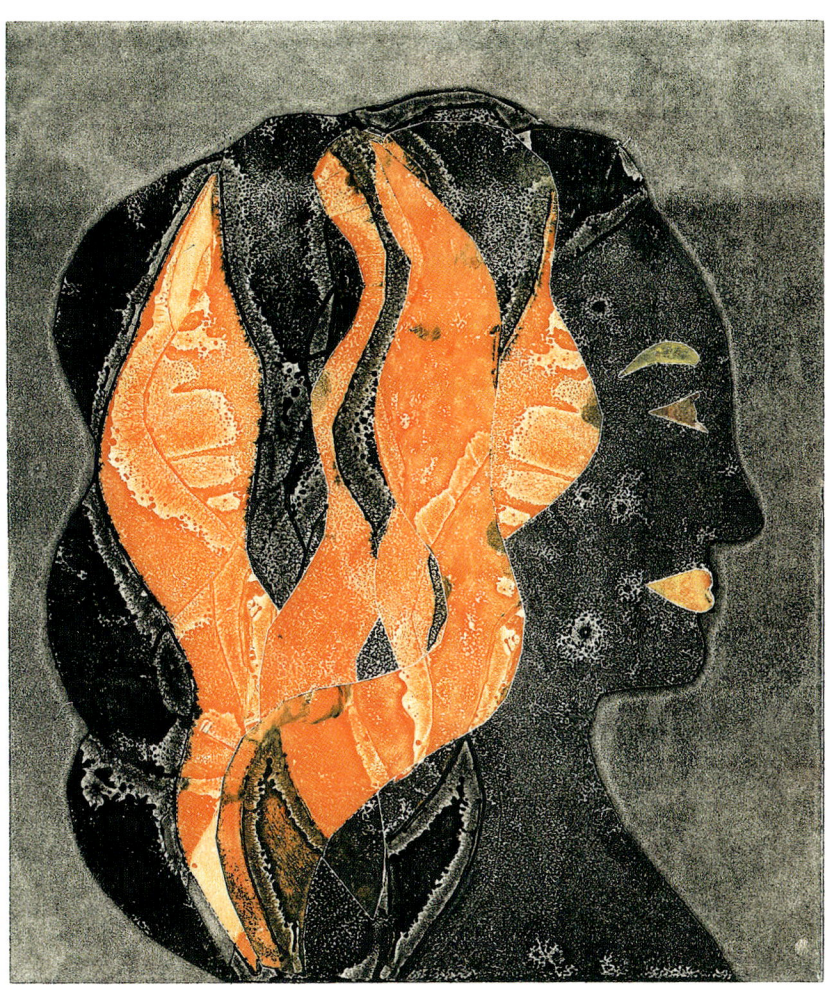

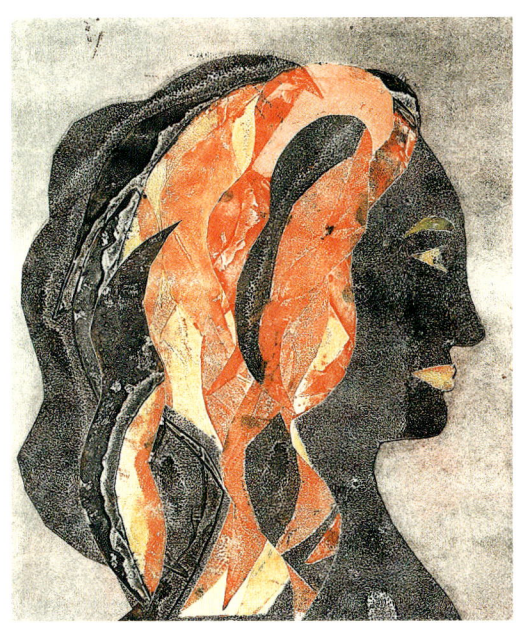

Oben:
Frauenkopf im Profil
(Zweitdruck ohne Neu-
einfärbung). MK,
25 x 30 cm.
Einige Haarsträhnen
wurden mit der Rückseite
neu aufgelegt.

Frauenkopf im Profil
(Haarsträhnen aus Klar-
sichtfolie). MK, 25 x 30 cm

Frauenkopf im Profil
(Haarsträhnen aus Klar-
sichtfolie). MK, 25 x 30 cm

Gegenständliche Motive nach Fotos

Mohnblumen

Motivwahl / Vorzeichnung

Wählen Sie als Vorlage für Ihr Motiv ein Foto mit möglichst klaren Formen aus – wie beispielsweise die Mohnblumen in der Abbildung.

Nun legen Sie Transparentpapier über das Foto und zeichnen die Umrisslinien nach. Dabei ist es wichtig, ob Sie später die Blume als Ganzes oder die Blütenblätter einzeln aus Folie ausschneiden wollen.

Für den Fall, dass Sie die Blüte aus einem Stück schneiden wollen, wird der Gesamtumriss übertragen. Falls Sie die Blütenblätter separat ausschneiden wollen, umranden Sie in Ihrer Vorzeichnung jedes einzelne Blatt.

Die Skizze wird am Fotokopierer auf die für den Druck gewünschte Größe vergrößert oder verkleinert. Über diese Vorlage platzieren Sie die Klarsichtfolie und übertragen die Umrisse mit einem Folienstift.

Ausschneiden / Einfärben

Jetzt schneiden Sie die gesamte Blüte aus Folie aus; an den Stellen, wo die einzelnen Blattränder verlaufen, die Folie etwas einschneiden. Einzelne Blütenblätter werden jeweils ganz aus verschiedenen Folienpartien zugeschnitten; legen Sie die Teile anschließend wieder auf Ihren Entwurf, damit jedes Blatt an der richtigen Stelle liegt.

Die Staubgefäße als separate Form ausschneiden, da sie in einer anderen Farbe (Schwarz) eingefärbt werden.

Färben Sie die Platte grün, die Blätter rot und die Staubgefäße schwarz ein.

Mohnblumen (Foto). MK, 13 x 18 cm

Mohnblumen, MK. Vorzeichnung der Blüte als Ganzes.

Mohnblumen, MK. Vorzeichnung mit einzelnen Blütenblättern.

Druck

Ordnen Sie die Folienstücke auf der Platte an und drucken Sie die Komposition ab. In beiden Beispielen wurde mit Linolfarbe auf Wasserbasis auf feuchtem Papier gedruckt. Der Vorteil bei feuchtem Papier ist, dass die Farben kräftig herauskommen, der Nachteil liegt darin, dass sie verlaufen können (siehe Abbildung).

Mohnblumen (Foliendruck der Blüten aus zwei Teilen). MK, 25 x 30 cm

**Unten:
Mohnblumen (Foliendruck der Blüten mit einzelnen Blütenblättern). MK, 25 x 30 cm.
Hier quetschten die rote und die schwarze Farbe an den unteren Rändern heraus, wodurch – unbeabsichtigt – Blütenstiele entstanden.**

Frauenkopf en face

Auch ein Gesicht oder eine menschliche Figur eignen sich gut zum Druck, wenn man ihn plakativ gestaltet. Am einfachsten umzugestalten ist ein Schwarzweißfoto, das möglichst kontrastreich sein sollte. Es kann aus dem persönlichen Fotoarchiv oder aus einer Illustrierten stammen.

Vorzeichnung / Entwurf

Vergrößern Sie das Foto am Kopiergerät direkt auf Plattengröße. Dann legen Sie einen Bogen Transparentpapier über die Fotokopie und umranden alle Partien, die im Druck weiß oder hell erscheinen sollen. Bei Grautönen, die keine eindeutigen Schattenzonen erkennen lassen, müssen Sie entscheiden, ob die Fläche besser als weiße Partie umrandet oder dem dunklen Bereich zugeordnet wird.

Die entstehende Zeichnung sieht bizarr und nicht besonders ansprechend aus – nicht beirren lassen! Hilfreich ist es, wenn Sie die dunklen Stellen auf dem Papier schraffieren, dann können Sie die spätere Wirkung besser kontrollieren.

Legen Sie Ihren Entwurf seitenverkehrt unter die Klarsichtfolie und zeichnen Sie die Linien mit einem Folienstift nach.

Vorbereitung der Platte / Druck

Alle Flächen, die Sie vorher umrandet haben und die hell bleiben sollen, schneiden Sie aus der Folie heraus. Dann färben

Frauenkopf en face (Foto). MK, 9 x 13 cm

Frauenkopf en face (Vorzeichnung auf Transparentpapier). MK, 20 x 25 cm. Alle Flächen, die im Druck hell bleiben sollen, sind mit Umrisslinien eingegrenzt.

Sie die Platte mit einem hellen Farbton ein, die Folie dagegen mit dunkler Farbe (Schwarz oder Blauschwarz).

Die Folie auf die Platte legen und abdrucken.

Drucke mit Alufolie

Im Prinzip geht man beim Drucken mit Alufolie genauso vor wie beim Materialdruck mit Klarsichtfolie (siehe Seite 32), allerdings eröffnet Alufolie durch die Besonderheit des Materials noch vielfältigere Möglichkeiten der Gestaltung.

Sie lässt sich in Stücke reißen, knittern, auflegen, aber auch mit Farbe unterlegen und aufreißen. Die verschiedenen Möglichkeiten werden nachfolgend beschrieben.

Frauenkopf en face (Foliendruck mit zwei Farben). MK, 20 x 25 cm. Die plakative Wirkung entsteht durch die Betonung der Schattenpartien und die konsequente Aufteilung des Gesichts in Hell-Dunkel-Zonen ohne Zwischentöne.

Sie benötigen

Alufolie als Rolle (Haushalt)
Druckplatte (Metall, Holz, Linoleum o. Ä.)
Brettchen, Platte o. Ä. für die Farbe
Je 1 Schaumstoffrolle pro Farbe
Farben auf Öl- oder Wasserbasis
Fotoschale / Gefäß zum Wässern des Papiers
Druckpapier
Terpentinersatz
Druckpresse oder Gummiwalze (für Handabzug)
Evtl. Pigmentpulver (Farbpulver)

Die Farbpigmente sind in Gläsern zu 100 g erhältlich und kosten zwischen 8 und 15 DM, bei ausgefallenen Farben auch bis zu 70 DM.

Für Arbeiten mit freigelegter Alufolie zusätzlich:

Cutter oder spitzen Gegenstand
Kupferdruckfarbe
Gaze

Freie Formen (Alufolie
aufgelegt). MK, 25 x 30 cm

Unten:
Freie Formen (Alufolie
aufgelegt). MK, 25 x 30 cm

Freie Formen

Gestaltung in leuchtenden Farben

Versuchen Sie zunächst eine Gestaltung mit aufgelegter Alufolie in reinen bzw. kontrastierenden Farben. Für jede Farbe, die Sie verwenden wollen, sollte eine eigene Schaumstoffrolle samt separater Unterlage bereit liegen – insbesondere, wenn Sie leuchtende Farben wie Gelb und Rot einsetzen. Eine Rolle mit dunklen Farbspuren trübt die Farbe und lässt sie schmutzig erscheinen. Wenn Sie dagegen z. B. eine Landschaft in abendlicher

oder düsterer Stimmung gestalten wollen, können getrübte Farben bzw. Farbreste an der Rolle erwünscht sein und die Bildwirkung unterstützen. Im Einzelnen gehen Sie folgendermaßen vor:

Einfärben

Walzen Sie Ihre Platte in einer dunklen Farbe ein, z. B. in Schwarz, mit einer Beimischung von Blau oder Braun. Dann färben Sie Ihre Alustücke in einer oder mehreren Farben ein – z. B. in Rot und Gelb. Im Prinzip haben Sie drei Möglichkeiten, die Alufolie einzufärben:

- Reißen Sie ein Stück Folie von der Rolle und walzen Sie mit einer Schaumstoffrolle die Farbe dünn darauf aus. Aus diesem eingefärbten Stück reißen oder schneiden Sie vorsichtig die gewünschten Formen.

- Reißen oder schneiden Sie zuerst die gewünschte Form und walzen Sie diese dann vorsichtig mit Farbe ein.

- Knittern Sie die Folie vor dem Einfärben und walzen Sie anschließend mit der Rolle Farbe darüber; so erhalten Sie typische Knitterstrukturen.

Druck

Ordnen Sie die Alustücke auf der Platte an und drucken Sie diese auf feuchtem Papier ab. Dadurch kommen die Farben besonders kräftig heraus. Falls Sie zartere Farben im Druck erzielen wollen, drucken Sie Ihre Gestaltung auf trockenes Papier.

Gestaltung in gebrochenen Farben

Walzen Sie die Platte in dem gewünschten Farbton ein, z. B. in Gelb. Nun werden die Alustücke in verschiedenen

Farben eingefärbt; dabei können Sie auch Walzen mit Farbresten verwenden. Im abgebildeten Beispiel wurde eine Walze mit blauen und eine mit rot-schwarzen Farbresten benutzt. Reißen Sie die Alufolie in große und kleine Stücke oder Streifen und ordnen Sie sie auf der Platte an. Gedruckt wird auf trockenem Papier.

Gestaltung
mit Farbpigmenten

Interessante Variationen entstehen durch Aufstreuen von Farbpigmenten. Zunächst walzen Sie die Platte dunkel ein. Färben Sie Alufolie in Gelb und Rot; danach in Stücke reißen und diese auf der Platte anordnen.

Nehmen Sie etwas Farbpulver auf eine Messerspitze und streuen es gezielt auf die Platte. Da das Pulver nicht gleichmäßig rieselt, sondern in feinen und gröberen Körnchen, ergeben sich nach dem Druck verschieden große Punkte und Flecken.

Einbeziehen
von Zufallsstrukturen

Nach einem Abdruck hat sich die Alufolie fest mit dem Untergrund verbunden, d. h. durch den Druck der Presse und die darunter liegende Farbe liegt die Alufolie fest an der Platte an. Die Folienstücke können Sie auf der Platte belassen und damit weiterarbeiten. Es zeigen sich im Verlauf der verschiedenen Drucke immer mehr Linien, die aber nicht störend wirken, sondern den Untergrund beleben.

Sie können die Folie aber auch ganz oder teilweise wieder abreißen. Dabei werden Sie feststellen, dass auf der Rückseite dieser Stücke interessante Farbspuren vorhanden sind, die Sie für einen weiteren Druck bewusst in Ihre Bildkomposition mit einbeziehen können:

Freie Formen (Alufolie aufgelegt und Farbpigmente). MK, 25 x 30 cm. Die roten Punkte im Bild verbinden die farbigen Flächen, die sonst hart und ohne Bezug nebeneinander stehen würden.

Unten:
Freie Formen (Alufolie aufgelegt). MK, 21 x 39 cm. Auf die Formen in Orange wurden Alustücke von einem anderen Druck aufgelegt.

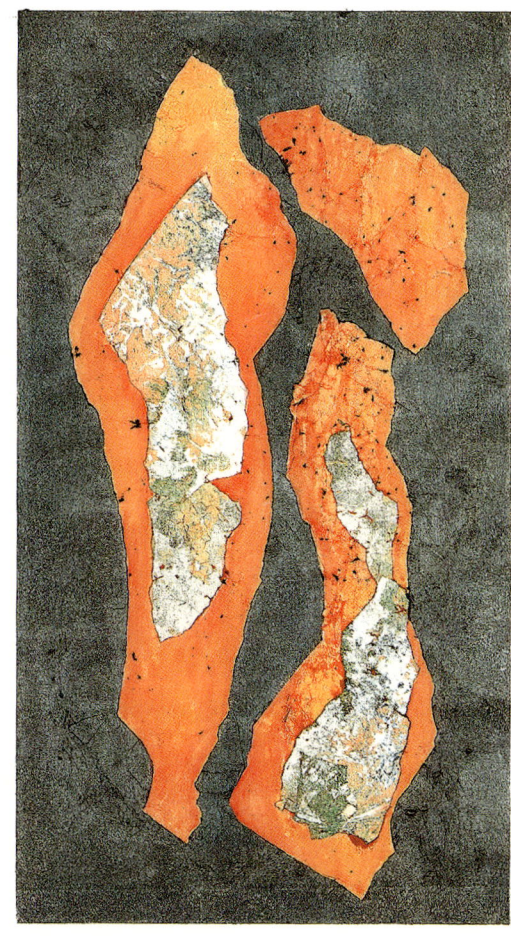

Landschaft aus Stücken von Alufolie. MK, 25 x 30 cm.
Die Platte wurde zuerst in der oberen Bildhälfte mit roter Ölfarbe eingewalzt. Anschließend wurde mit einer blauschwarz eingefärbten Walze darüber gerollt – am Horizont nur wenig, am oberen Bildrand dagegen mehrmals. Der Druck erfolgte auf angefeuchtetem Papier.

Walzen Sie dazu eine Platte mit dunkler Farbe ein, z. B. in Blauschwarz. Anschließend werden Alustücke in einer Kontrastfarbe – z. B. Rotorange – eingefärbt und auf der Platte angeordnet. Darauf die Abfallstücke legen, die Sie nach einem anderen Druck von der Platte gelöst haben. Die zufälligen Farbspuren machen den Reiz des Druckes aus.

Gegenständliche Motive: Landschaft

Den Eindruck einer Landschaft erzielen Sie, indem Sie verschieden breite Alustreifen wie eine Hügelkette anordnen. Walzen Sie zunächst die Platte mit der Farbe ein, die Sie für den Himmel haben möchten. Dann reißen oder schneiden Sie vorsichtig einige Alustücke aus, färben sie mit der Schaumstoffrolle in verschiedenen Tönen ein, ordnen sie auf der Platte und drucken ab.

Experimentieren Sie mit Öl- und Linolfarbe sowie trockenem und feuchtem Druckpapier. Sie können das Grundmotiv immer wieder variieren, indem Sie andere Farben aufwalzen oder weitere eingefärbte Alustücke einfügen.

Rechts:
Landschaft aus Stücken von Alufolie. MK, 25 x 30 cm.
Hier ist der Himmel in Rotorange angelegt. Die Alustücke wurden in Blau und Grün eingefärbt und anschließend nochmals mit grün-schwarzen Farbresten auf der Rolle gebrochen, damit die Landschaft nicht zu bunt wird. Gedruckt wurde mit ziemlich dünnflüssiger Linolfarbe auf feuchtem Papier. Statt einer Schaumstoffrolle erfolgte der Farbauftrag mit einer kleinen Gummiwalze, was den Druck jedoch sehr expressiv wirken lässt.

Aufgerissene Alufolie

Bei diesem Verfahren wird eine Platte eingefärbt, Alufolie über die ganze Platte gelegt und die Folie dann eingeritzt oder aufgerissen, so dass die darunter liegende Farbe zum Vorschein kommt. Die Platte wird bei jedem Druck weiter verändert. Im Folgenden wird die Technik Schritt für Schritt erläutert.

Freie Formen

Vorbereitung der Druckplatte / Einfärben

Walzen Sie Ihre Platte mit einem hellen Farbton ein, z. B. mit Gelborange. Dann legen Sie ein Stück Alufolie auf, das etwas größer ist als die Platte, und schlagen die überstehenden Ränder nach hinten um. Nun färben Sie die Oberfläche in einer Kontrastfarbe, z. B. Schwarz mit Beimischung von etwas Braun, ein.

Mit einem Cutter oder einem anderen spitzen Gegenstand zeichnen Sie jetzt auf die Alufolie, ritzen Linien hinein oder legen Flächen frei, so dass die helle Grundierung unter der Folie sichtbar wird. Wenn die Platte vollständig bearbeitet ist, drucken Sie die entstandenen Formen ab.

Einbeziehen von Strukturen / Zweitdruck

Auf Ihrer Platte sind nach dem Druck die Konturen der aufgerissenen, jetzt flach gedrückten Aluflächen deutlich erkennbar. Färben Sie diese wie bei der Radierung mit Kupferdruckfarbe ein. Dazu geben Sie etwas Farbe auf ein Gaze- oder Nylonläppchen und reiben damit alle Erhebungen ein. Überschüssige Farbe wegwischen.

Mit dem Cutter werden weitere Linien eingeritzt und an neuen Stellen Flächen freigelegt. Die abgezogenen Alustücke – auch kleine Schnipsel – nicht wegwerfen; sie können für weitere Drucke verwendet werden. Auf feuchtem Papier abdrucken.

Dritter Druck / Neugestaltung

Ziehen Sie jetzt alle ehemals dunkel eingefärbten Alupartien ab, so dass die Reste der gelben Einfärbung auf der Platte sichtbar werden.

Die Alufolie wird mit einem Cutter aufgerissen, so dass die darunter liegende Farbe sichtbar wird.

Unten:
Freie Formen (Alufolie aufgerissen, Erstdruck). MK, 20 x 25 cm

So sieht die Platte vor dem Druck aus: Die roten und schwarzen Alustücke sind Reste von einer anderen Platte, zusätzlich wurden die Teile, die vorher von dieser Platte abgezogen wurden, mit der gelben Rückseite nach oben auf die Platte aufgebracht.

Auf der Platte werden nun die Teilstücke der Alufolie, die Sie vorher von der Platte abgezogen haben, neu angeordnet.

Verwenden Sie auch Reste von anderen Platten oder färben Sie einige Alustücke neu ein. Drucken Sie auf feuchtem Papier ab.

Weiterführung

Durch den letzten Druck wurde die restliche Farbe von der Platte genommen, so dass die Platte in diesem Zustand nichts mehr hergibt.

Sie können nun das Verfahren wiederholen, erneut eine Folie aufbringen und mit anderen Farben und neuen aufgerissenen Formen die Platte gestalten bzw. schrittweise verändern. Oder Sie arbeiten nach folgender Methode weiter:

Färben Sie die Platte wieder ein und ordnen Sie neu gefärbte Aluformen sowie Reststücke und kleine Bruchstücke von anderen Arbeiten auf der Platte. Gerade diese Schnipsel sorgen für interessante Ergebnisse im Druck.

Freie Formen (Alufolie aufgerissen, Zweitdruck unter Verwendung entstandener Strukturen). MK, 20 x 25 cm.
Die mit Kupferdruck-farbe eingeriebenen Konturen der Aluflächen treten jetzt deutlich hervor. Der graue Farbton im Hintergrund entstand durch die Restfarbe auf der Platte vom ersten Druck.

Seite 49:
Freie Formen (Alufolie aufgerissen und aufgelegt, Dritter Druck). MK, 20 x 25 cm.
Der kräftige Gelborange-Ton stammt von den Flächen, die vor dem Druck freigelegt wurden und von den neu angeordneten Reststücken. Der helle Gelbton ist Restfarbe vom zweiten Druck.

Aufgerissene Alufolie **49**

Freie Formen (Alufolie und Reststücke aufgelegt). MK, 20 x 25 cm

Weitergearbeitet wird nach dem Prinzip der Veränderung: Reißen Sie teilweise Alustücke ab, legen Sie diese mit der Rückseite auf die neu eingefärbte Platte oder streuen Sie zusätzlich Farbpigmente auf.

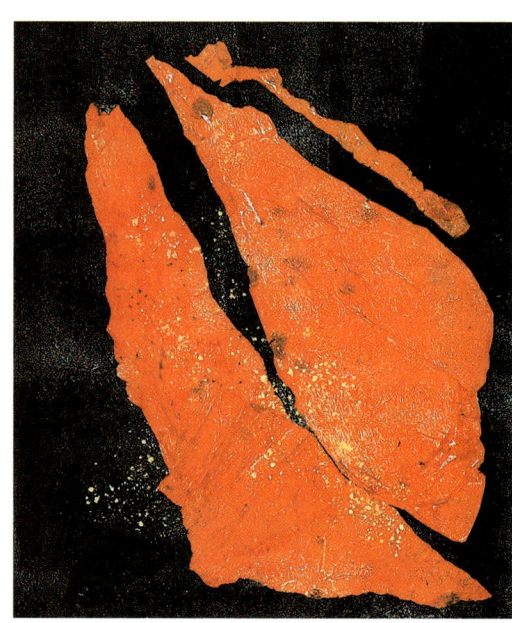

Links:
Freie Formen (Alufolie aufgelegt mit aufgestreuten Farbpigmenten). MK, 25 x 30 cm

Rechts:
Freie Formen (Alufolie aufgelegt mit aufgestreuten Farbpigmenten). MK, 25 x 30 cm

Gegenständliche Motive: Hochhäuser

Im Gegensatz zur Klarsichtfolie, aus der man präzise Formen ausschneiden kann, ist bei der Gestaltung eines Motivs mit Alufolie viel dem Zufall überlassen. Alufolie lässt sich nicht so exakt bearbeiten, doch macht gerade dieser Umstand – auch bei »präzisen« gegenständlichen Motiven – den besonderen Reiz der Technik aus.

Zur Ausarbeitung des nachfolgenden Beispiels gehen Sie folgendermaßen vor:

Vorbereitung der Platte / Erstdruck

Walzen Sie die Platte mit einer dunklen Farbe ein, bedecken Sie sie mit Alufolie und schlagen Sie die Enden nach hinten um. Auf die Oberfläche des Folienüberzugs wird eine Kontrastfarbe aufgebracht, z. B. Gelb und / oder Rot.

Mit dem Cutter, einer Radiernadel oder einem anderen spitzen Gegenstand ritzen Sie jetzt Ihr Motiv in die Folie. In Alufolie können keine präzisen Umrisslinien geritzt werden, deshalb deuten Sie die Hochhäuser nur an. Das ist jedoch kein Nachteil, sondern gerade die aufgerissene Folie kann den Eindruck einer abblätternder Fassade oder des beginnenden Verfalls vermitteln.

Drucken Sie die Platte auf feuchtem oder trockenem Papier ab.

Ausarbeiten von Strukturen / Zweitdruck

Durch den Druck der Presse und die unter der Folie aufgebrachte Farbe liegen die aufgerissenen Aluteile jetzt fest an der Platte an.

Hochhäuser (Alufolie aufgerissen, Erstdruck).
MK, 25 x 30 cm

Links:
Hochhäuser (Alufolie aufgerissen, Zweitdruck).
MK, 25 x 30 cm

Weiterführung / Dritter Druck

Verändern Sie Ihre Platte weiter, indem Sie neue Alustücke auflegen und diese einreißen oder einritzen. Die dadurch immer dichter werdenden Strukturen reiben Sie mit Kupferdruckfarbe ein und wischen die überschüssige Farbe mit einem Läppchen weg. Zusätzlich tragen Sie mit einer Walze oder einem Pinsel dünn Öl- oder Linolfarbe auf.

Drucken Sie auf feuchtem Papier ab, da das Papier die zähe Kupferdruckfarbe sonst nicht aufnimmt.

Durch die Bearbeitung der Platte in dieser Art hat sich das Motiv verändert: Man hat den Eindruck, dass es sich nicht mehr um Hochhäuser, sondern um Berge handelt.

Sie müssen die Platte aber nicht für jeden Abdruck variieren. Falls ein Zustand erreicht ist, der Ihnen von der Bildwirkung her besonders gut gefällt, können Sie auch mehrere Drucke von dieser Phase herstellen:

Färben Sie die Platte dazu mit Kupferdruckfarbe ein und wischen Sie überschüssige Farbe weg. Dann walzen Sie – nach Bedarf – einen weiteren Farbton dünn auf und drucken auf feuchtes Papier.

Diesen Vorgang können Sie mehrmals wiederholen, wodurch fast identische Drucke entstehen.

Sie können auch Alustücke neu einfärben und zusätzlich auflegen oder Aluschnibsel und Reste auf der Platte anordnen.

Möglich ist auch eine Kombination mit Folienstücken, allerdings sollten Sie darauf achten, dass die Stücke zum Gesamteindruck des Bildes passen und nicht dominieren.

**Hochhäuser (Alufolie aufgelegt, Dritter Druck). MK, 25 x 30 cm.
Die Kanten der Alufolie wurden mit Kupferdruckfarbe eingerieben, so dass die Konturen deutlich hervortreten.**

Färben Sie die Konturen und leichten Erhebungen auf der Platte mit Kupferdruckfarbe ein und wischen Sie die restliche Platte vorsichtig wieder blank, so dass die Farbe möglichst nur an den Kanten der aufgerissenen Alufolie haften bleibt.

Dann wird die Platte sparsam mit ein oder zwei Farben oder mit einer Rolle, auf der sich noch Farbreste befinden, eingewalzt.

Drucken Sie auf feuchtem Papier ab. Die durch die aufgerissene Folie entstehenden Strukturen treten jetzt klar hervor.

Drucke mit Papieren

Auch Papiere lassen sich zum Druck verwenden, angefangen von Zeitungspapier bis zu strukturierten Papieren wie Tapeten oder Wellpappe.

Falls Sie präzise Figuren, wie Kreise, Dreiecke oder Rechtecke, in die Bildkomposition einbeziehen wollen, schneiden Sie die Motive aus. Freie Formen werden aus dem Papier gerissen.

Sie benötigen

Zeitungspapier, Tapetenreste, Wellpappe
  oder andere strukturierte Papiere
Schere, Stift
Druckplatte (Metall, Holz, Linoleum o. Ä.)
Brettchen, Platte o. Ä. für die Farbe
Je 1 Schaumstoffrolle pro Farbe
Farben auf Öl- oder Wasserbasis
Evtl. Fotoschale / Gefäß zum Wässern
  des Papiers
Druckpapier
Druckpresse oder Gummiwalze
  (für Handabzug)
Terpentinersatz

Tapeten

Auf der Rückseite von Raufaser- oder anderen gemusterten Tapetenresten zeichnen Sie zunächst Ihre Motive vor, besonders, wenn Sie eine klar umrissene Form – z. B. einen Kreis oder eine Figur – in die Gestaltung mit einbeziehen wollen. Anschließend ausschneiden.

Alternativ können Sie die Tapete aber auch reißen. Sie hat – wie alle Papiere – eine Laufrichtung, so dass in einer Richtung mühelos ein durchgängiger Riss von oben nach unten angelegt werden kann;

Freie Formen (Tapete gerissen). MK, 21 x 40 cm

Freie Formen (Wellpappe und strukturierte Pappe). MK, 25 x 30 cm

in der entgegengesetzten Richtung will dieser jedoch immer wieder ausbrechen. Hier muss die Form mit kleinen Rissen kontrolliert geschaffen werden.

Walzen Sie nun Ihre Platte mit einer beliebigen Farbe ein. Die Tapetenstücke werden in einer Kontrastfarbe eingefärbt und auf der Platte angeordnet. Der Druck erfolgt auf feuchtem oder trockenem Papier.

Wellpappe

Wellpappe oder Pappen mit regelmäßiger Stanzung bieten sich an, wenn man Motive wie Mauerwerk, Hochhäuser o. Ä. gestalten will. In diesem Fall empfiehlt es sich auch, die Pappe zu schneiden, da der unkontrollierte Riss nicht zu den statisch-strengen architektonischen Formen passt – es sei denn, Sie wollen deren Zerfall andeuten.

Gehen Sie folgendermaßen vor:

Schneiden Sie längliche Rechtecke aus Wellpappe und anders strukturierter Pappe aus. Ordnen Sie die Streifen so auf Ihrer Platte an, dass sich der Eindruck von Hochhäusern ergibt.

Dann nehmen Sie die Formen einzeln wieder herunter und walzen sie mit einer oder mehreren Farben bzw. Farbresten ein. Setzen Sie die Teile dabei nach und nach auf Ihrem Arbeitstisch wieder zusammen – in der Anordnung, die Sie vorher auf der Platte für die beste befunden haben.

Nun walzen Sie die Platte mit dem gewünschten Farbton ein – oder Sie verwenden einen Druckstock, auf dem noch Farbspuren von einem früheren Druck vorhanden sind. Darüber die eingefärbten Papprechtecke wieder richtig zusammensetzen und die Komposition abdrucken.

Zeitungspapier

Die Platte mit schwarzer Linol- oder Ölfarbe einwalzen. Dann reißen Sie Zeitungspapier in verschieden breite Streifen und
ordnen sie auf der Oberfläche an.

Jetzt drucken Sie die Komposition erstmals ab, lassen aber den Druckbogen in
der Presse festgeklemmt. Heben Sie ihn

lediglich an einer Ecke an und entfernen
Sie die Papierstreifen auf der Druckplatte.
Dann ein zweites Mal drucken.

Wo das Zeitungspapier aufgebracht war,
sind jetzt zarte Grautöne zu erkennen.
Das kommt daher, dass das Zeitungspapier Farbe von der Platte aufgesogen
hat und beim zweiten Druck nur noch die
Restfarbe auf der Platte zur Verfügung
stand.

Falls Sie zusätzlich rein weiße Streifen
anlegen wollen, lassen Sie vor dem zweiten Abdruck einige Streifen auf der Platte
liegen.

Links:
**Zeitungspapier wird auf
der Platte angeordnet.**

Unten links:
**Freie Formen (Zeitungs-
papier gerissen). MK,
25 x 30 cm**

Unten rechts:
**Nach dem ersten Abdruck
wird das Zeitungspapier
entfernt.**

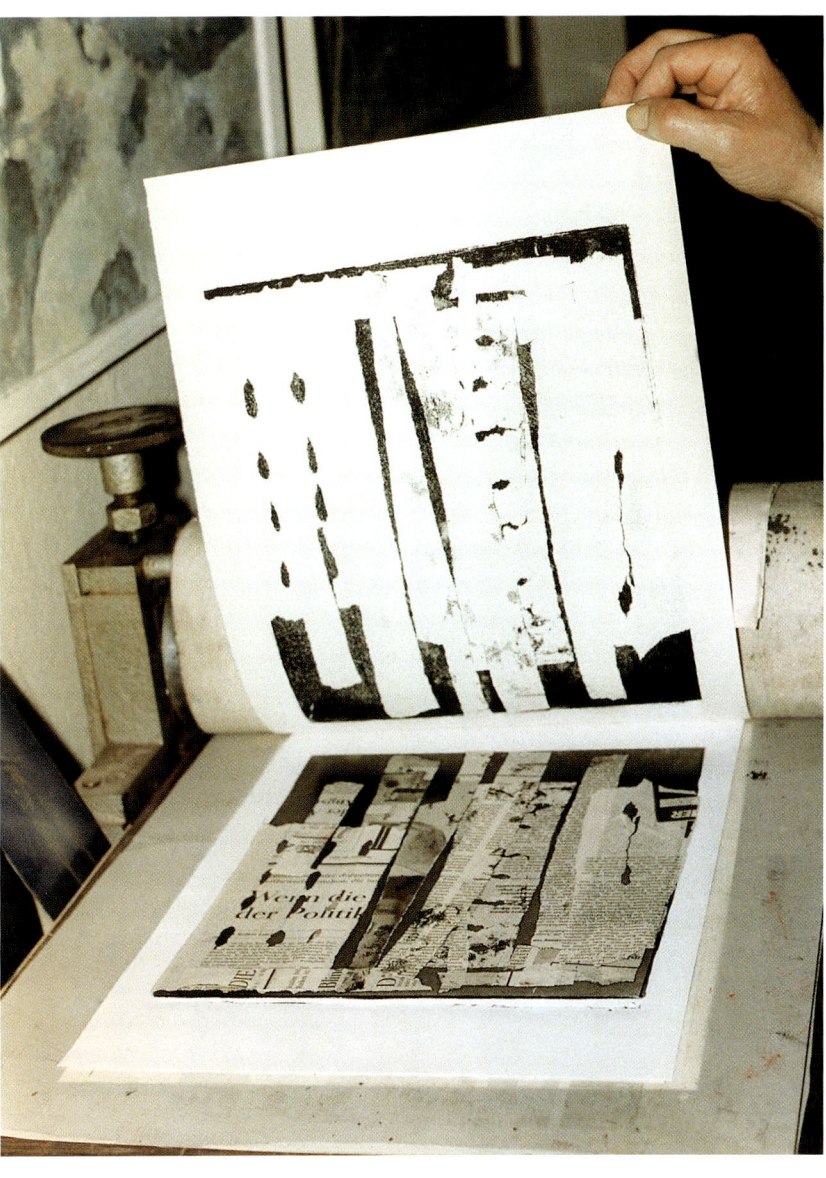

Komposition aus Woll-
fäden. FB, 14 x 20 cm

Unten:
Torso aus Textilien.
FB, 32 x 42 cm

Drucke mit Textilien

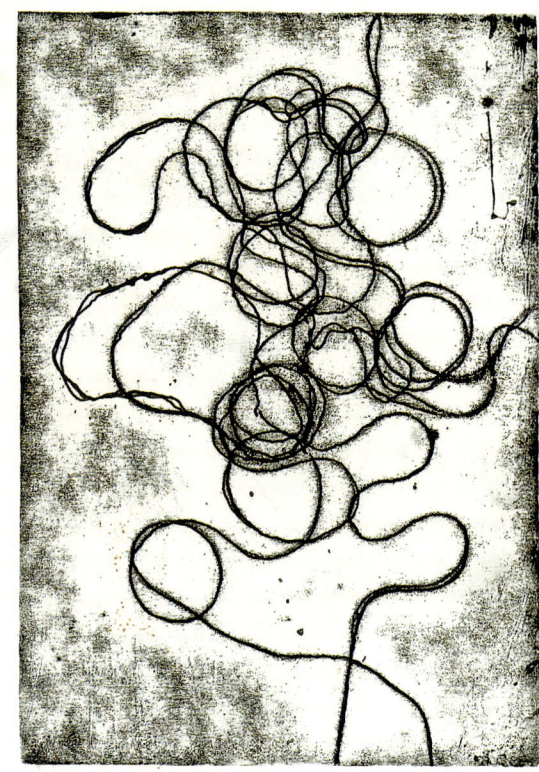

Da fast alle Textilien eine Struktur be-
sitzen, lassen sich auch Stoffe gut zum
Druck verwenden. Je nach gewünschter
Bildwirkung bieten sich Baumwoll-
oder Leinengewebe an, aber auch Brokat,
Spitze, Mull oder Netzgewebe sind geeignet. Sogar Woll- oder Jutefäden lassen
sich auf diese Weise in die Bildkomposition einfügen.

Probieren Sie einfach die Wirkung verschiedener Textilien aus, auch wenn ein
Bild, das nur aus Textilien zusammenge-
stellt wurde, in den meisten Fällen künst-
lerisch nicht überzeugend ist. Wenn Sie
die Wirkung dieser Materialien im Druck
kennen, können Sie sie aber bewusst in andere Bildkompositionen integrieren und
auf sinnvolle Weise mitklingen lassen.

Komposition mit Fäden

Walzen Sie Ihren Druckstock mit einem
beliebigen Farbton ein. Im abgebildeten
Beispiel wurde eine Platte benutzt, die
noch Reste schwarzer Farbe aufwies.

Nun breiten Sie die Fäden auf Zeitungen
aus und rollen mit der Farbwalze darüber. Ordnen Sie sie auf der Platte an und
drucken Sie die Platte ab.

Wenn Sie die Fäden nicht einfärben,
erscheinen sie im Druck als rein weiße
Linien. Es empfiehlt sich, Fäden nur in
Verbindung mit anderen Materialien
zu verwenden, da sie allein keine große
Bildwirkung haben.

Torso aus Stoffresten

Walzen Sie eine Platte mit Farbe ein oder
verwenden Sie einen Druckstock, auf dem
noch geringe Farbspuren vorhanden sind.

Zum Auslegen auf der Druckplatte lassen sich Stoffreste aller Art verwenden, die auch Nähte, Knopflochleisten, Webkanten, Abnäher etc. enthalten können. Schneiden oder reißen Sie diese Stoffteile in die gewünschte Form. Sie werden anschließend eingefärbt, auf der Platte arrangiert und abgedruckt.

Komposition aus Netzmaterial

Auf der Druckplatte eine beliebige Farbe aufwalzen. Tüll, Mull oder gröbere Netzgewebe werden zugeschnitten und mit einer Kontrastfarbe eingefärbt.

Ordnen Sie nun die Formen auf der Platte an. Zur Auflockerung können Sie jetzt noch verschiedenfarbige Pigmente aufstreuen.

Drucke mit Naturmaterialien

Auch in der Natur können Sie auf der Suche nach reizvollem Material für einen Abdruck »fündig« werden: Blätter, Blattgerippe, Disteln, Federn, Knoblauchschalen, Baumrinde, Gräser – überall werden Sie interessante Strukturen entdecken. Probieren Sie es einfach einmal aus!

Walzen Sie Ihre Platte ungleichmäßig ein. Verwenden Sie dazu eine Schaumstoffwalze mit Restfarbe oder eine Gummiwalze. Der ungleichmäßige Farbauftrag wirkt hier lebendiger.

Legen Sie Ihre Naturmaterialien auf Zeitungspapier auf und rollen jeweils Farbe auf.

Ordnen Sie die Elemente für den Druck auf der Platte an.

Die Gefahr dieser Technik besteht darin, daß das Material oft sehr dominant wirkt. Mit Federn oder Disteln beispielsweise werden Sie im Druck feinste Linien und Strukturen erzielen, aber der gelungene Abdruck allein macht noch kein gutes Bild aus.

Kombinieren Sie Naturmaterialien deshalb vorzugsweise mit aufgerissener Alufolie, Pappstreifen, Tapetenresten usw., damit sich die Fundstücke aus der Natur – ähnlich wie Textilien – nicht zu sehr in den Vordergrund drängen und eine Bildwirkung, die über den bloßen Abdruck hinausgeht, verhindern.

Formen aus Netzgewebe mit aufgestreuten Farbpigmenten. MK, 25 x 30 cm

Kombination verschiedener Materialien (Materialmix)

Kombinieren Sie Klarsicht- oder Alufolie mit strukturierten Materialien aller Art – und das ganz nach Lust und Laune! Achten Sie jedoch auf die Komposition des Bildes und das Zusammenwirken der Farben. Nicht jedes Blatt gelingt, denn vieles bleibt bei dieser Technik dem Zufall überlassen. Allerdings werden Sie durch diese Zufälligkeiten auch immer wieder neue, überraschende Bildwirkungen erzielen.

Alufolie und Klarsichtfolie

Walzen Sie Ihre Druckplatte in einer dunklen Farbe ein. Kontrastierend dazu werden mit einer Schaumstoffrolle größere Stücke Alufolie eingefärbt und anschließend in Form gerissen. Die Motive aus Klarsichtfolie schneiden Sie aus und walzen sie mit Farbe ein. Im abgebildeten Beispiel wurden drei Formen aufgelegt, die bereits auf einer schwarzen Platte abgedruckt waren und auf der Rückseite Strukturen aufwiesen. Die Teile auf der Platte anordnen und abdrucken.

Alufolie und Pappe

Wenn Sie eine Platte mehrmals mit Alufolie bearbeitet haben, werden Sie feststellen, dass sich mit der Zeit immer dichtere Strukturen ausgebildet haben. Dieses reizvolle Linienspiel bietet sich für eine weitere Gestaltung an.

Zunächst färben Sie die Strukturen und Erhebungen mit Kupferdruckfarbe ein.

Die Farbreste vorsichtig wieder wegwischen, so dass auf der Platte nur ein leichter Grauton stehen bleibt.

Nun schneiden Sie Schablonen aus dünner Pappe aus, die z. B. Häuserfassaden mit Fenstern andeuten können. Die Schablonen auf die eingefärbte Platte auflegen und mit angefeuchtetem Papier abdrucken. Im Druck zeigen sich jetzt die Strukturen der Platte – mit Ausnahme der Stellen, die von den Schablonen verdeckt wurden und daher weiß erscheinen. Legen Sie jetzt Ihren Druck ein zweites Mal in die Presse und nehmen Sie die Schablonen von der Platte ab. Diese wird – ohne neue Einfärbung – mit der bearbeiteten Seite genau über dem Druck platziert.

Im zweiten Druck legt sich ein zarter Ton von der Restfarbe der Platte über die weißen Flächen.

Seite 58:
Disteln, Gräser und »Lampions«. MK, 20 x 25 cm

Unten:
Komposition aus gerissenen Alustücken und geschnittenen Formen aus Klarsichtfolie. MK, 20 x 37 cm

Alufolie, Pappe und Federn

Die Platte beliebig einfärben, mit Alufolie überziehen und die Ränder nach hinten umschlagen.

Ritzen Sie mit einem spitzen Gegenstand Gräser o. Ä. in die Folie und drucken Sie die Platte in diesem Stadium erstmals auf einfachem Papier ab, damit die aufgerissenen Alukanten fest an der Platte haften.

Färben Sie die Platte an diesen Kanten und Rändern mit Kupferdruckfarbe ein; die Restfarbe wegwischen und die Platte insgesamt mit einer hellen Farbe, z. B. Gelb, ungleichmäßig einfärben. Mit einem Pinsel oder Läppchen tragen Sie außerdem am oberen und unteren Bildrand Blau auf.

Färben Sie mit einer Schaumstoffrolle auch die Federn blau ein und ordnen sie diese auf der Platte an. Hinzu kommt ein orangeroter Pappkreis als Sonne.

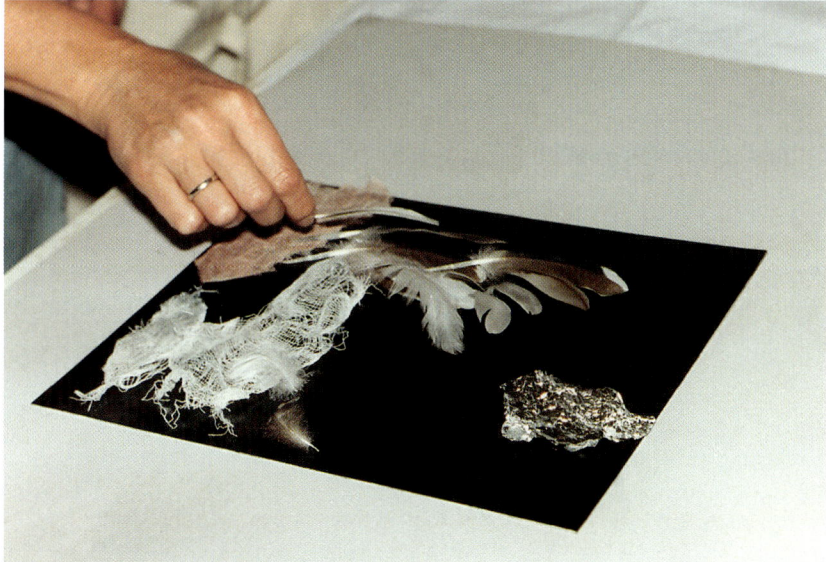

Anschließend wird zum zweiten Mal gedruckt.

Sollten Sie mit der Bildwirkung nicht zufrieden sein, können Sie, wenn der Druck getrocknet ist, z. B. mit Aquarellfarben nachkolorieren.

Im abgebildeten Beispiel waren die Federn ursprünglich zu dominant; damit sich diese besser ins Gesamtbild einfügen, wurden die Gräser blau nachkoloriert.

Alufolie, Mull und Federn werden auf die Platte gelegt.

Seite 60:
Strukturen von Alufolie und Pappschablonen.
MK, 25 x 30 cm

Alufolie, Federn und Mull

Walzen Sie eine Platte mit dunkler Farbe ein und ordnen Sie Federn, auseinander gezogene Mullstücke und zerknüllte Alufolie auf der Platte an.

Anschließend decken Sie die ganze Platte mit Alufolie ab und schlagen die Ränder nach hinten um. Ziehen Sie die Platte einmal ohne Papier durch die Presse, damit sich die Alufolie eng an die Platte und aufgebrachten Formen anlegt.

Färben Sie die Platte vorsichtig mit Kupferdruckfarbe ein und reißen Sie die Folie

Links:
Wiesenstück (Alufolie, Federn und Pappe).
MK, 20 x 25 cm

Die Materialien werden mit Alufolie bedeckt.

Ganz rechts:
An einigen Stellen wird die Alufolie aufgerissen.

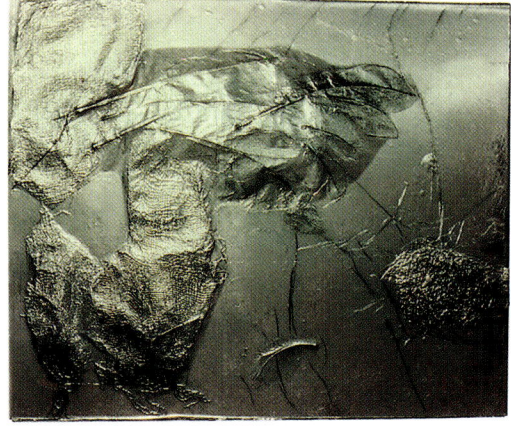

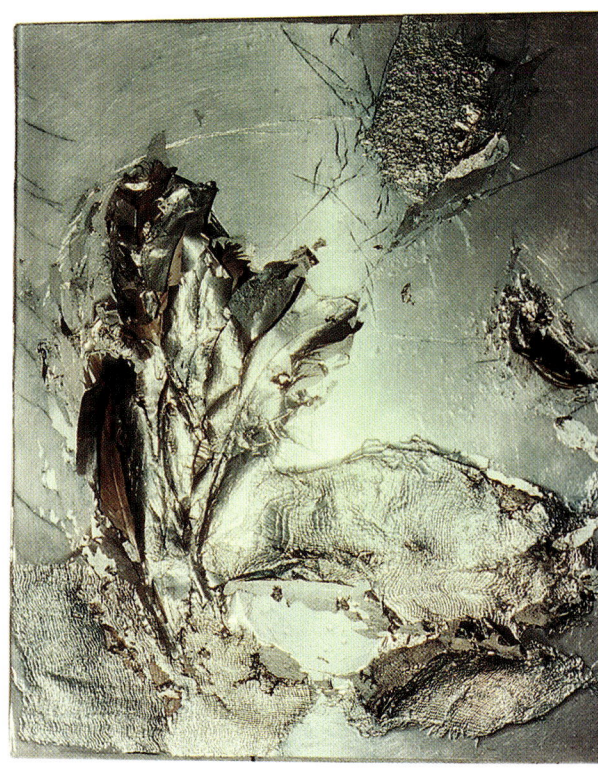

Unten links:
Florale Komposition (Alufolie, Mull und Federn). MK, 25 x 30 cm

Unten rechts:
Florale Komposition (Betonung der Folienstrukturen mit Kupferdruckfarbe). MK, 25 x 30 cm

an einigen Stellen mit einem spitzen Gegenstand ein, so dass die darunter liegende Farbe bzw. die Materialien freigelegt werden. Drucken Sie die Komposition auf feuchtem Papier ab.

Durch weiteres Aufreißen der Folie und Neueinfärben können Sie die Platte immer weiter verändern.

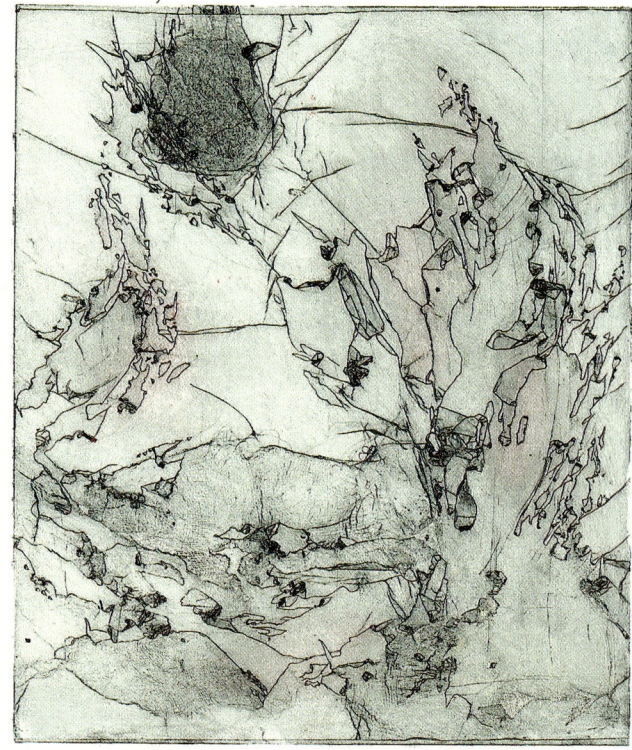

Wenn Sie die an den aufgerissenen Folienrändern entstandenen Erhebungen mit Kupferdruckfarbe einfärben und auf feuchtem Papier abdrucken, kommen die bizarren, zufälligen Linien besonders gut zur Geltung.

Radierung in Aquatinta und Strichätzung (Feder). MK, 30 x 30 cm

Mitte:
Radierung mit Alufolie überzogen und aufgerissen. MK, 30 x 30 cm

Veränderung von fertigen Druckstöcken

Radierung

Mit aufgelegter und aufgerissener Alufolie lässt sich eine fertige Radierung nachträglich verändern.

Zuerst wird der fertige Druckstock dünn mit Farbe eingewalzt. Decken Sie die Platte mit Alufolie ab und knicken Sie die Ränder nach hinten um.

Mit einem spitzen Gegenstand werden nun Linien in die Folie geritzt und Flächen aufgerissen – und zwar überall dort, wo im Druck die Linien und Flächen der Radierung erscheinen sollen.

Im Fall des abgebildeten Porträts sind dies vor allem die Partien um Augen und Mund sowie Teile der Nase und des Haares.

Drucken Sie die Platte einmal auf einfachem Papier ab, damit die Ränder der Folie an der Platte festgedrückt werden. Nun reiben Sie die Platte mit Kupferdruckfarbe ein und wischen sie mit Gaze vorsichtig wieder blank.

Drucken Sie auf feuchtem Papier ab.

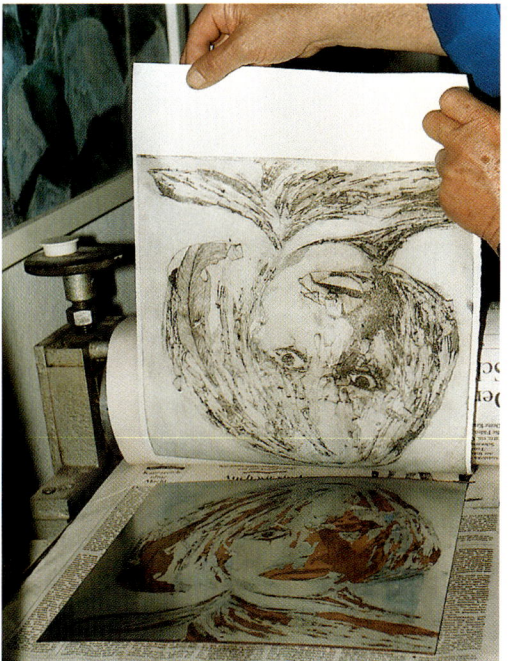

Links:
Veränderte Radierung nach dem Abdruck. MK, 30 x 30 cm. Bei den dunklen Partien handelt es sich um die ursprüngliche Radierung in der Kupferplatte, die hellen Stellen sind von der eingerissenen Alufolie bedeckt.

Abkürzungen der Künstlernamen

FB = Ferdinand Bahnen
MK = Monika Kühn

Artischocke (Radierung, Strichätzung in Hartgrund) MK, 15 x 20 cm

Die Autoren

Ferdinand Bahnen

Geb. 1934 in Dülken, lebt in Krefeld.
Seit 1978 Dozent an der VHS in Krefeld für Aquarell-, Tempera- und Ölmalerei, sowie für Drucktechniken.
Seit 1973 zahlreiche Einzel- und Gruppenausstellungen, u. a. in Krefeld, Dormagen, Viersen, Mönchengladbach, Wesel, Braunschweig, Wuppertal, Utrecht und Venlo.

Monika Kühn

Geb. 1943, lebt in Krefeld, unterrichtet in einer Krefelder Hauptschule die Fächer Kunst, Deutsch und Geschichte.
Veröffentlichungen bei dtv, im Auer- und Scherpe-Verlag.

Die Deutsche Bibliothek – CIP-Einheitsaufnahme

Ein Titeldatensatz für diese Publikation ist bei Der Deutschen Bibliothek erhältlich.

Fotografie: Monika Kühn, Krefeld
Lektorat: Eva-Maria Müller, Augsburg
Umschlagkonzeption: Kontrapunkt, Kopenhagen
Umschlaglayout, Herstellung: Melanie Gradtke
Innenlayout: Michael Stiehl, Leipzig

AUGUSTUS VERLAG, München 2000
© Weltbild Ratgeber Verlage GmbH & Co. KG.

Satz: Gesetzt aus 10 auf 13 Punkt Palatino Roman von Michael Stiehl, Leipzig
Reproduktionen: LithoArt, München
Druck und Bindung: Appl, Wemding
Gedruckt auf 135 g umweltfreundlich chlorfrei gebleichtem Papier.

ISBN 3-8043-0720-5
Printed in Germany